프로바둑강좌 · 중급이상 9

승부바둑에 강해지는 법

9단 藤沢秀行 지음
프로바둑연구회 편

太乙出版社

머 리 말

이기는 바둑을 두기 위해서는 절대로 냉정할 필요가 있다.

일찍 승부를 결정짓는 강수와 역습, 견실한 수로 약석을 지켜 형세가 나쁜 바둑은 역전의 발판을 만든다.

강약의 조화와 심리적인 압박감에서 벗어나야만 최강의 목표를 지향하는 전투를 할 수 있을 것이다.

1국 · 2국의 바둑을 통해서 기력을 높여갈 수가 있을 것이다.

이런 국면에서는 어떻게 두어야 할까? 승부를 가름하는 한 手, 한 수를 나타내는 승부수를 독자여러분에게 선사하고자 합니다.

저 자 씀

차　례 ✱

● 머리말 ·· *2*

제 1 장
초반(初盤)에　결정한다 ···················· **7**

제 2 장
중반(中盤)에　결정한다 ··················· **57**

제 3 장
종반(終盤)에　결정한다 ·················· *133*

제 4 장
놓여있는 바둑으로　결정한다 ·················· *169*

제 1 장

초반에 결정한다

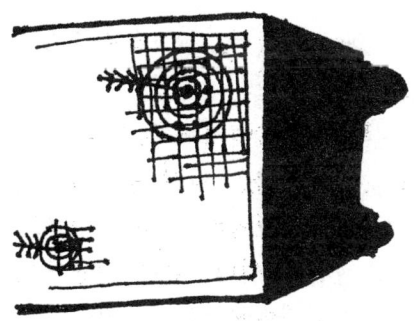

초반에는 정석, 포석으로 완만하게 진행을 해 나간다.

현대의 바둑에서는 극단적인 수수로 진행시켜 나가는 것이 승부의 관건이다.

귀에서는 정형의 정석과, 포석, 구상력이 쟁점이 된다. 돌을 접근하고 접촉하여 중·종반에 이르게 된다.

여기에서는 연구를 통하여 감각의 한 수를 익히도록 하자.

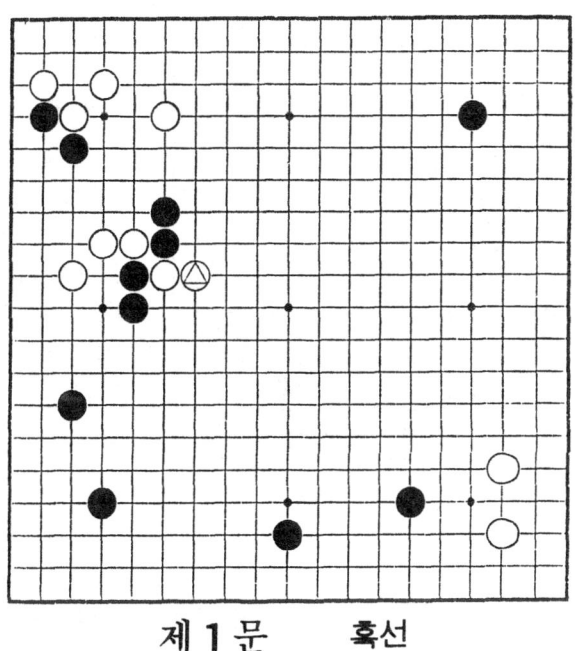

제 1 문 　흑선

최초의 접촉전

여기에서 백 ⊘표의 뻗음이 있다. 먼저 어떻게 두어야 할까?

중앙의 백 2 점을 공격하는 입장에서 흑이 유리한 싸움이다. 반대로 공격을 당한다면 상당히 곤경에 빠질 가능성이 높다.

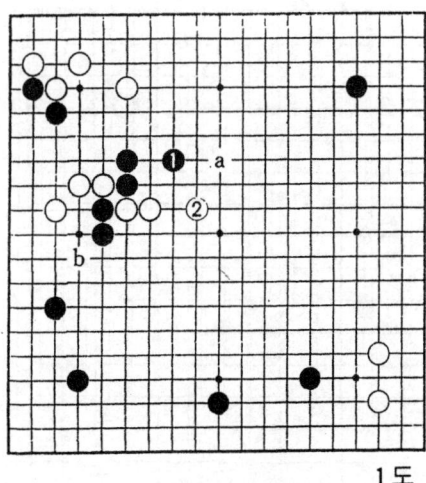

1 도

1 도(공격)
흑 1 의 한칸 뜀
은 역시 백 2
의 한칸이다. 다
음에 a, b가 맞
보기. 이 일단
의 백은 매우 즐
거운 모양이다.
　발상이 너무
안이하다.

2 도(무겁다)
흑 1 의 단수에
서 3, 5로 끌
어 내오는 것은
흑●의 폐석을
이용한 수이다.
백은 실리가 견
고하게 연결이
되었다. 중앙은
백12로 뛰어나
가 a, b가 맞보
기이다.

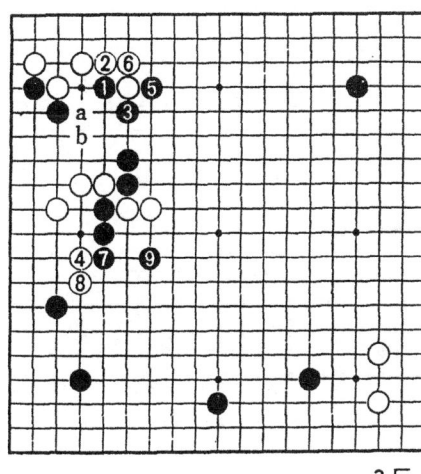

3 도

3 도 (정해)

흑 1로 단순히 붙이는 것이 맥이다.

실전에서는 9까지 진행되었다. 다음 중앙을 공격하는 입장이 되었다.

백a에는 흑b의 젖힘으로 반발하여 상하의 연결이 용이하지 않다.

4 도

4 도 (붙임의 선수) 백 1 의 붙임에는 흑 2 의 단수에서 4, 6 까지 — ·

여기서 13을 손빼면 흑13, 백 a 흑b로 된다.

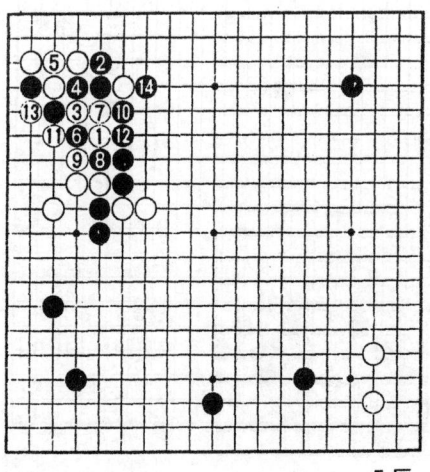

5도 (사석)
백 1의 반격이 급소이다. 흑 2에는 3으로 유도를 한다. 혹 6 이하까지—· 초반에 일찍 외세를 구축하는 것은 한판의 바둑의 마지막을 의미한다.

5 도

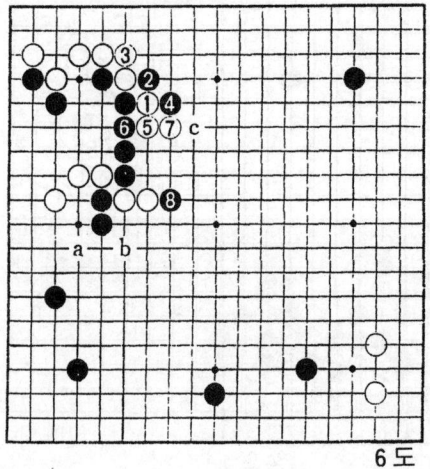

6도 (참고의 맥) 백a로 도약하여 나가면 이것은 실전이다. 백 1의 2단 젖힘으로 강하게 도전을 한다. 흑 2, 4다음 8의 코붙임이 맥이다.

선수로 머리를 내미는 것이 좋다.

6 도

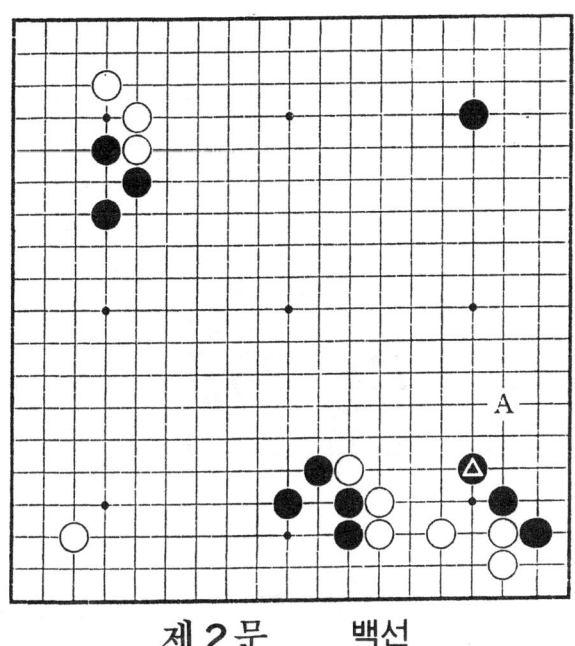

제 2 문 　 백선

조화를 구하다

혹이 ⚫ 표로 머리를 내민 장면이다.

혹은 A로 벌려야만 무사한 일인데 마늘모로 머리를 내밀었다. 여기에 어떤 수가 숨어 있을까?

단순한 봉쇄는 혹의 주문이다.

혹의 주문을 깨뜨리는 조화있는 돌의 움직임은?

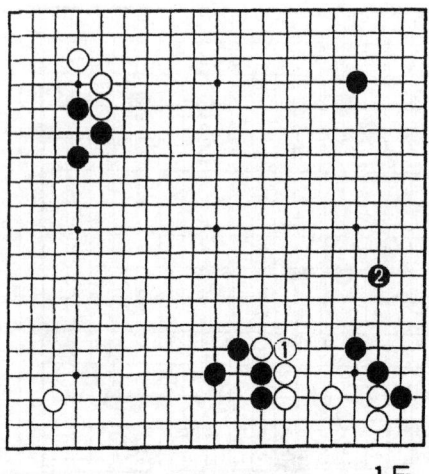

1도(흑의 주
문) 흑은 1의
곳 절단을 노리
고 있다.

백1로 평범
하게 이으면
2의 곳을 벌려
흑의 주문에 걸
린다.

이 점을 방해
하는 기합이 필
요하다.

1도

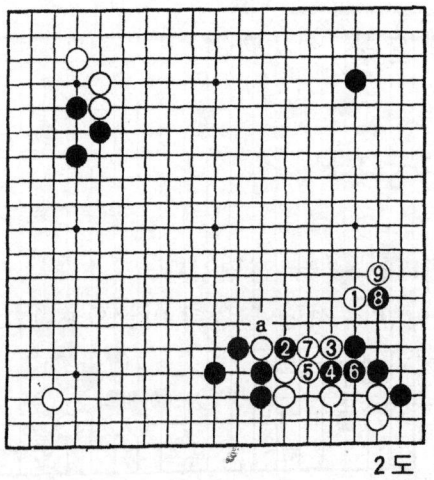

2도 (정해)
백1로 협공을
하는 것이 좋은
수이다.

흑2의 끊음
은 기세. 백3의
붙임. a로 도피
하여 나가는 수
도 볼 수 있다.

백이 좋은 결
과이다.

2도

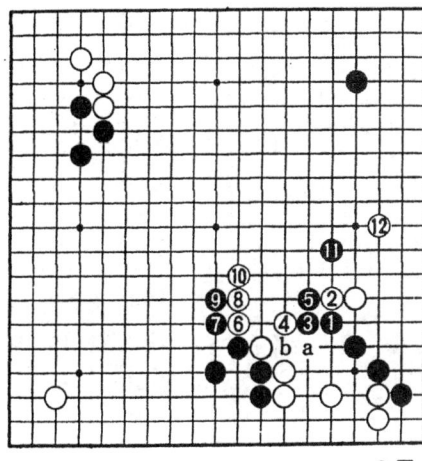

3 도

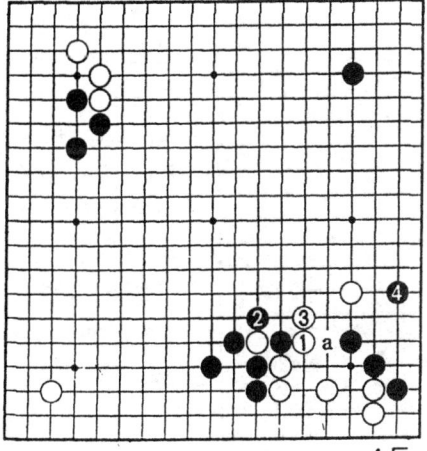

4 도

3도(머리 내밀음) 흑이 1의 곳에 머리를 내밀은 것이 좋은가, 어떤가? 여기에서 흑a는 백b로 되어 논외이다.

백2이하 머리를 내밀은 것은 중앙전이다.

백12는 2점을 사석으로 이용한 경쾌한 수.

4도 (손해) 백1의 노골적인 단수는 손해이다. 백3으로 뻗어 나가면 우변을 흑4로 미끄러져 흑의 제2의 주문에 걸린다.

주문을 피하는 길은 백a의 붙임이 맥이다.

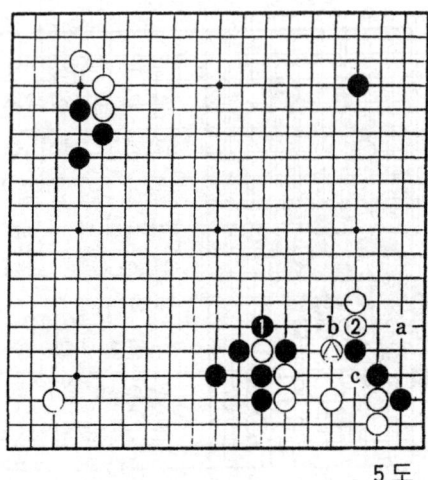

5 도

5 도(강력한 저항) 백△표 다음에 백2의 차단을 볼 수 있다.

백2로는 a, 흑b에서 백c 로 귀를 취하는 맥이 있는가? 이 것은 작다.

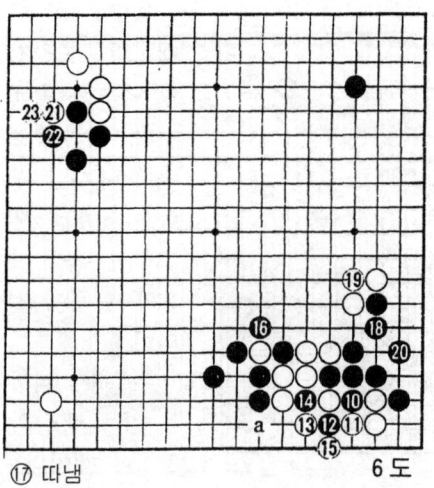

⑰ 따냄   6 도

6 도 (실전의 결과) 2 도에 계속하여 흑은 10, 12로 끊는다. 백13에서 15의 단수 다음 a 의 젖힘이다.

결국 백17로 2점을 때려 우변은 후수로 산다.

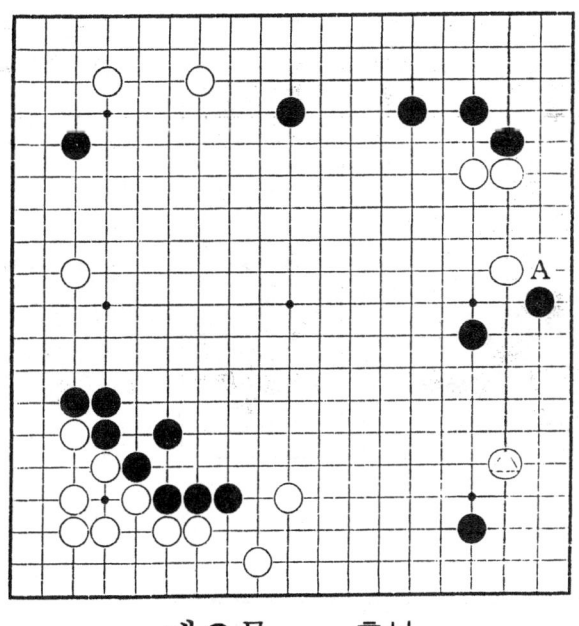

제 3 문　　　흑선

두터움의 활용

백⊘ 표가 걸쳐온 장면이다. 이것은 과수로 A 의 곳을 내려섬이 긴바둑으로 이끄는 길이다.

다음의 흑의 구상은?

두터움을 활용하는 흑의 대작전이 필요하다.

어떻게 움직여야 할까?

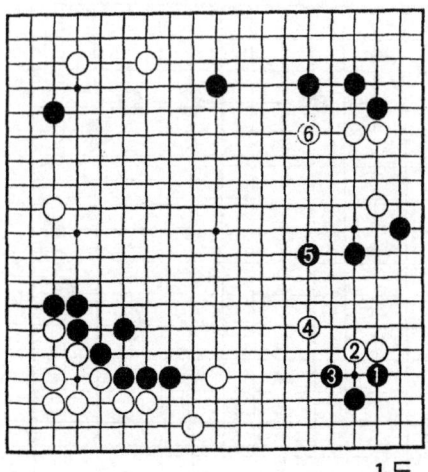

1도(부분적 공격) 우하귀를 흑1로 마늘모 하는 것은 어떨까?

이것은 백2, 4로 가볍게 피해 나간다.

흑5에는 6으로 뛰어 나간다.

1 도

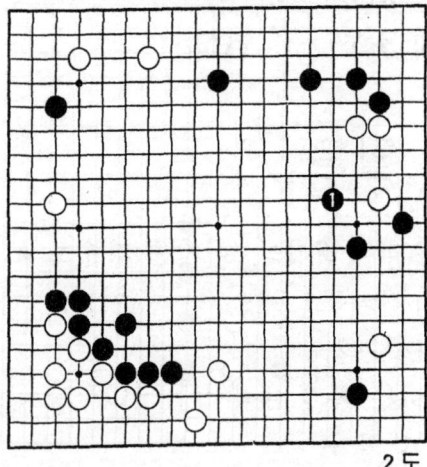

2도 (정해) 흑1의 날일자로 씌우는 대공격이 좋은 작전이다.

상하의 백을 압박하는 좋은 수이다.

좌하의 두터움을 활용한 날카로운 수이다.

2 도

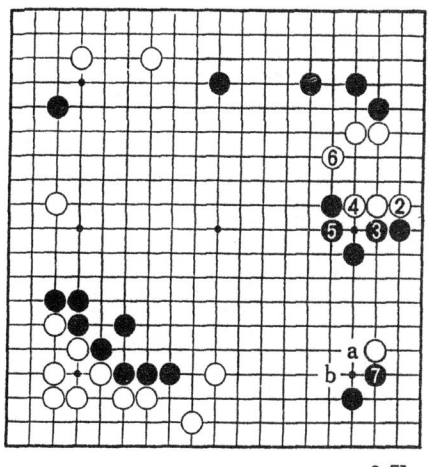

3 도

3 도(실전 진행) 백은 **2, 4**로 둔 다음에 **6**으로 마늘모 하였다. 이것은 무거운 느낌이다.

흑**7**로 공격을 하여 백모양이 궁핍하다.

백a 에는 흑 b 로 받는다.

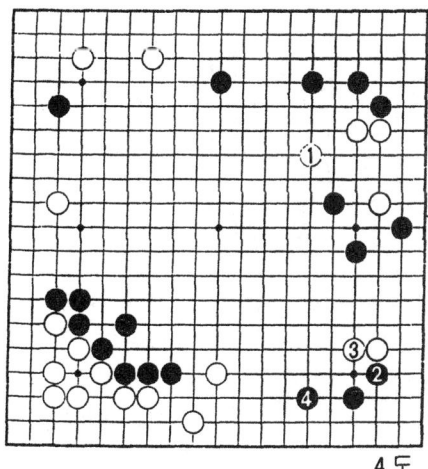

4 도

4 도(백은 가볍게) 백은 우변의 흑을 상화시키지 않기 위하여 **1**의 날일자로 가볍게 진출하였다.

그러면 흑**2**, **4**로 우하변을 둔다.

실전의 진행보다 가벼운 느낌이다.

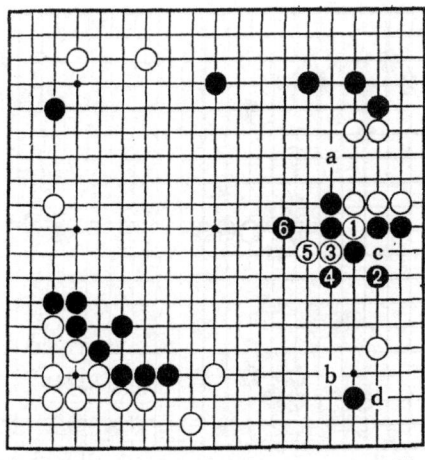

5 도

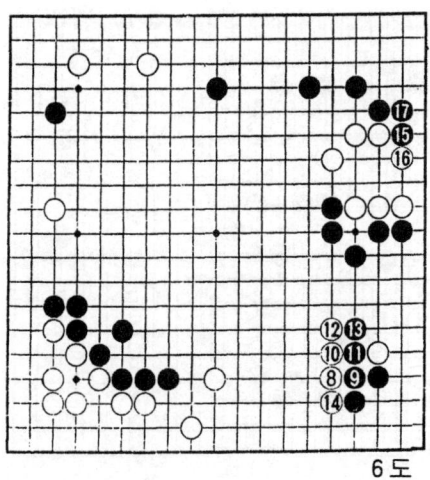

6 도

5 도 (모양) 백은 a 의 마늘모를 하는 대신에 1 의 곳에 맥을 찔러왔다.

흑 2 에는 3 의 끊음으로 난전이다.

흑 6 다음 백 b 의 씌움이 있다. 흑 2 로 3 은 c 의 끊음이 남아 d 의 붙임이 있다.

6 도 (실전의 진행) 직접 움직여 나가는 것은 불리하다.

백 8 의 씌움에서 흑 9 이하 13 까지― · 우변의 흑 15, 17 이 크다.

이렇게 되어서는 백이 우세하다.

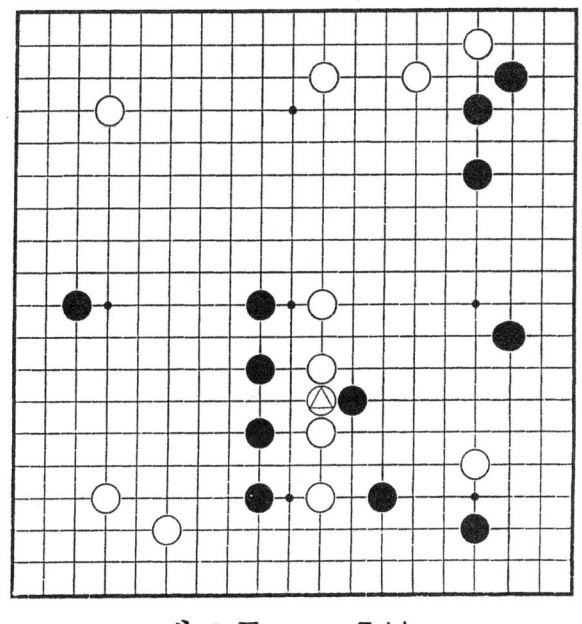

제 4 문   흑선

공격의 전제

혹이 들여다 보아 백이 △ 표로 이은 장면이다.

백을 무겁게 하여 공격을 하는 수인데 이것은 준비 부족이다.

백을 공격하는 전제는 우변의 처리여하에 달려 있다.   여유가 있는 곳이다.

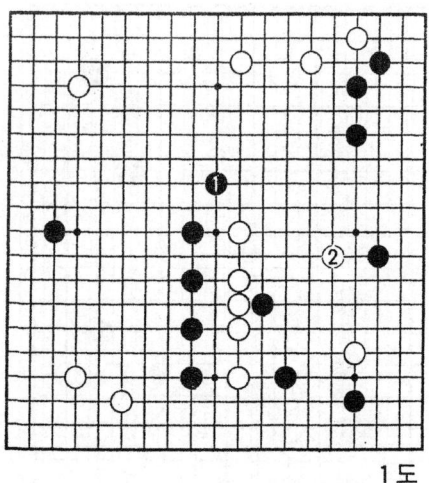

1도

1도 (급공)
중앙을 둔다면 공격은 날일자로 흑1이다.
이다음 백은 2로 모자를 씌워 나간다. 계속하여 흑세를 삭감하는 전략이다.

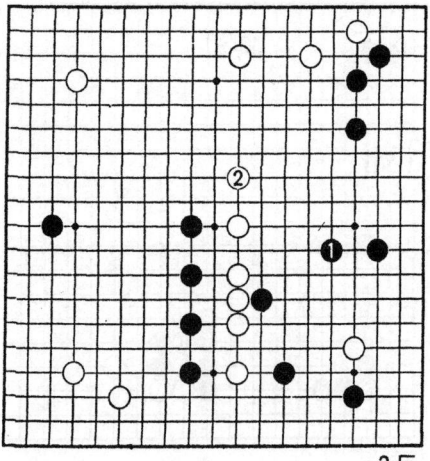

2도

2도 (지킴)
흑1로 뛰어 지키게 되면 백은 2로 유유히 뛰어 나간다.
중앙의 흑이 약해져 나쁘다. 이 원인은 흑1이다.

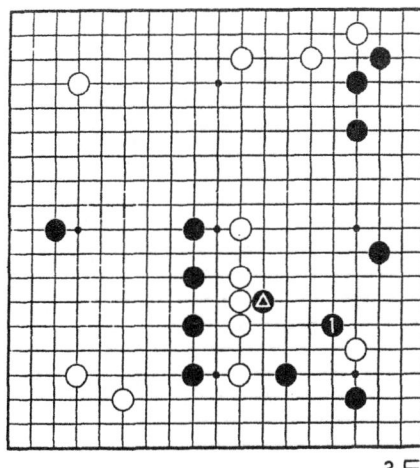

3도

3도 (정해) 흑1의 씌움, 한 점을 공격하는 것이 좋은 수이 다.

흑●표의 들 여다 보는 것과 관계가 있는 수 이다.

우하의 백 한 점을 움직여 나 가는 것은 좋지 않다.

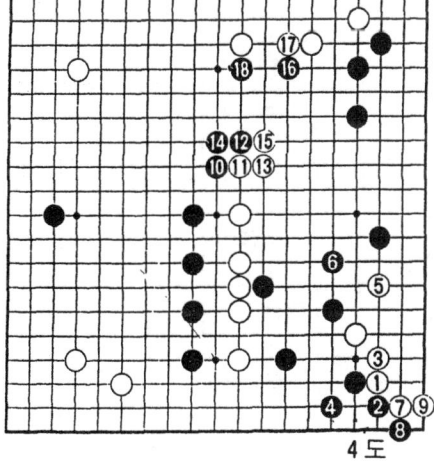

4도

4도 (공격) 우하의 백은 1 , 3으로 붙여 뻗은 다음에 삶 을 구하는 것이 즐겁다. 그러나 이것은 흑의 주 문이다.

그 다음에 백 15에는 흑16, 18 로 엄한 공격을 받는다.

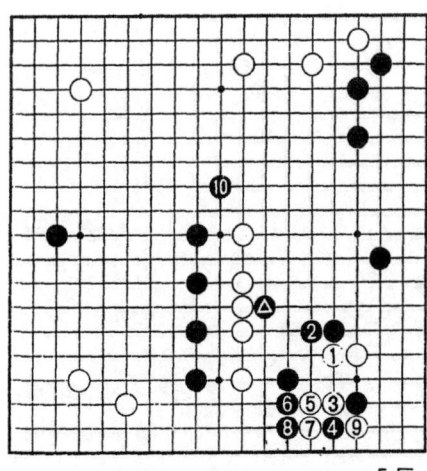

5도 (변화)
백 1 로 밀고 나
오는 것은 흑 2
의 뻗음, 흑⬤
표의 선착이 빛
을 발한다.
　흑 4 에는　6
, 8 이　맥이다.
흑10 까지 백 대
마가 피곤하다.

5 도

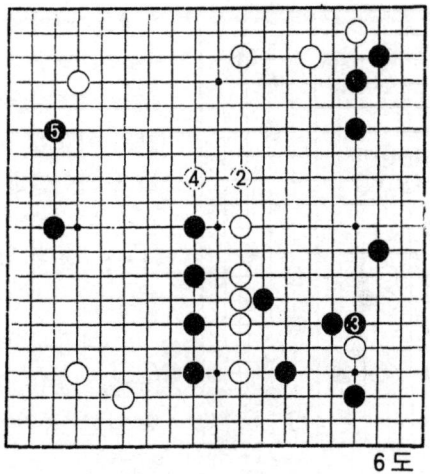

6도 (실전의
진행) 흑의　의
도를 한눈에 보
아서 백 2 로 중
앙을 뛰어 나간
다.
　흑 3 에는　4
의 곳을 붙인다.
다음 흑은 5 의
큰곳을 걸쳐 나
갈 수　있어서
좋다.

6 도

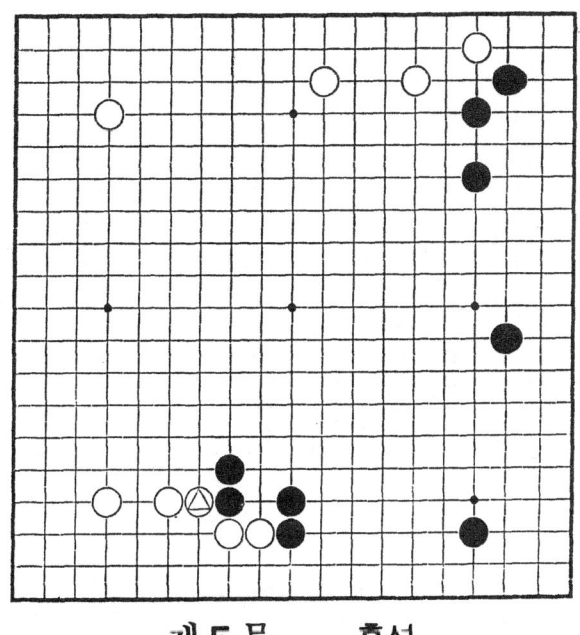

제 5 문   흑선

끊는 맛

백 ⨪표는 흑의 젖힘을 방지하며 다음에 나가서 끊는 맛을 노리는 점이다.

그래서 백의 의도를 방지하는 최고도의 돌의 움직임이 필요하다. 응수여하에 따라 맥이 변화한다.

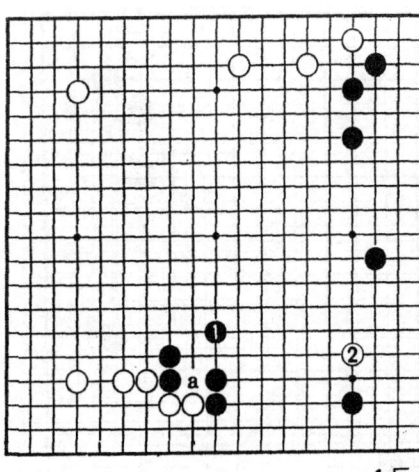

1도 (평범)
흑 1로 지키는
것은 a 의 나오
는 수를 방지하
는 점이다.

　백은 2로 걸
쳐간다. 여기에
서 흑의　다음
수가 어렵다.

1도

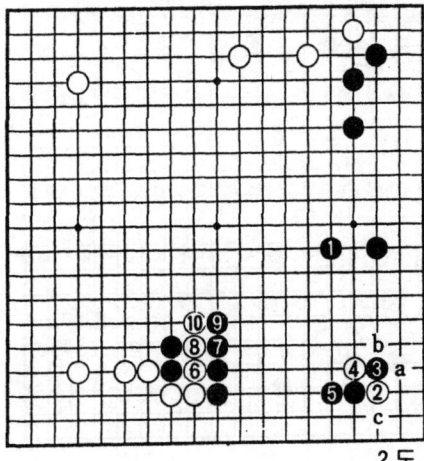

2도(한칸 뜀)
흑이 우변을 둔
다면 흑1이다.

　백은 2, 4로
귀에 맛을 남기
고　b의　곳을
나간다. 나중에
백a, 흑b, 백c
로 삶이 남는다.
흑7로 8은 7
의 곳을　끊겨
좋지 않다.

2도

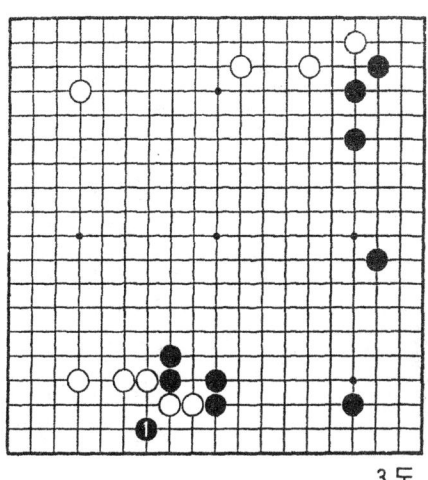

3 도

3 도 (정해)
흑 1에 두어 백
의 응수를 묻는
것이 좋은 수이
다. 이 수로서
국면 전개의 주
도권을 잡는다.

이 다음의 수
순을 살펴보기
로 하자.

4 도

4 도(흑의 주
문) 백 1 로 이
으면 흑 2 로 뛰
어서 큰 차이가
난다.

흑 12까지 외
길의 진행이다.
흑 한점은 장래
a 의 3·3 침입
을 노리는 원군
이 된다.

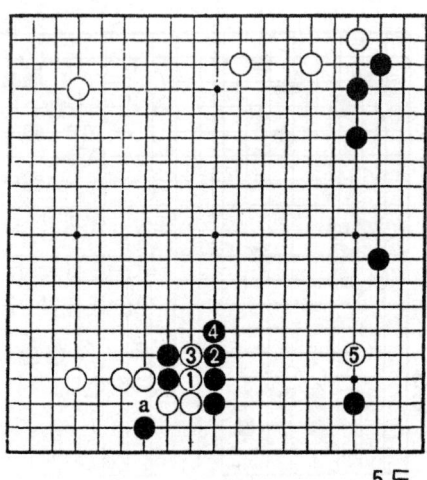

5 도

5 도(백의 반격) 백은 **1**의 곳을 나가 역공을 취하는 것이 수순이다. 흑은 **2, 4**로 받아서 a의 이음은 불필요하다. 다음 백**5**로 걸치는 여유가 있다. 이것은 흑이 좋지 않다.

6 도(실전 진행) 흑**3**의 막음.

이 점을 생략할 수 없다.

백이 나가면 중앙이 두터워 진다.

백 a라면 흑 b의 단수로 우변이 견고하게 됨이 요령이다. 백**6**으로 걸쳐 전투개시— ·

6 도

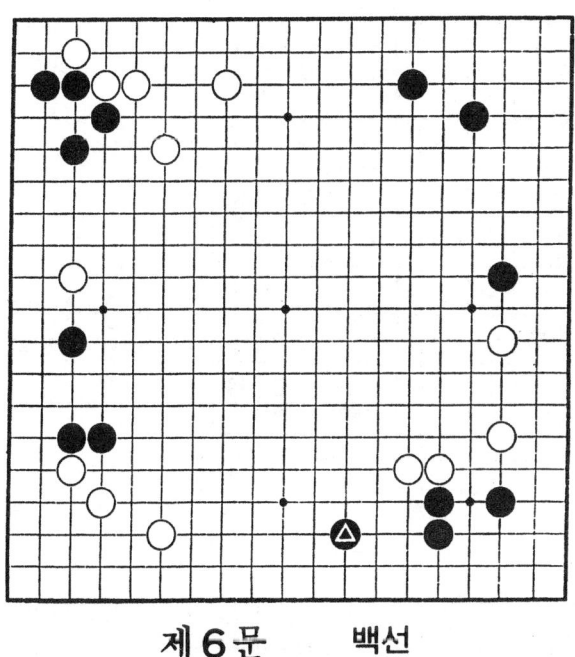

제6문   백선

강화의 뒤안길

혹이 ▲표로 벌리고 있다. 우변의 백이 십분
강화되어 있는 모양인데 여기에서 좋은 생각은?
구체적인 수단을 동원하는 생각이 필요하다.
혹의 실리를 반대로 취하는 수가 필요하다.
혹의 다음수는 어디일까?

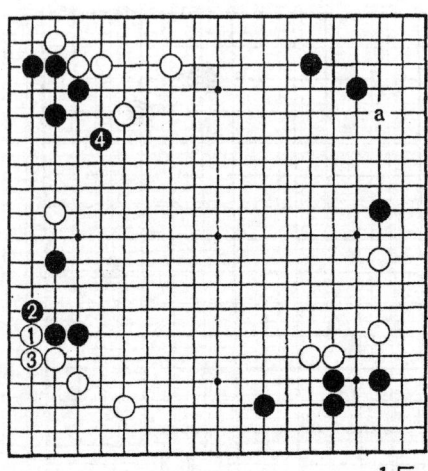

1도(방향 착오) 우변을 백 1, 3으로 젖혀 잇는 것은 4의 요소를 지켜서 나쁘다.
· 이 점을 선수로 a에 지킴은 집이 부족된다.

1도

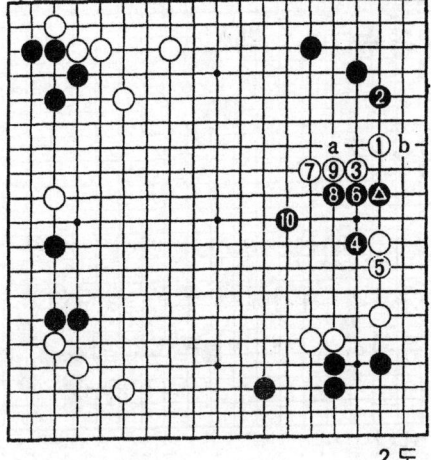

2도(귀가 크다) 상식적으로는 백1의 침공이 한눈에 들어오는 곳이다. 흑 2로 귀를 지키면 흑△표를 마늘모로 공격을 한다.
백3으로 a는 흑b로 건너 간다.

2도

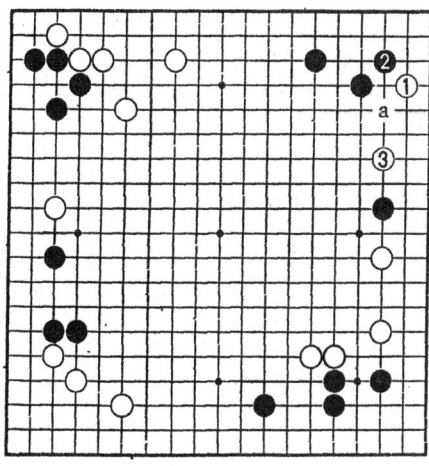

3 도

3 도 (정해)
백 1 로 바짝 다
가서는 것이 균
형을 있게 하는
좋은 수이다. 이
한 점을 어떻게
공격할까 구상
이 필요한 곳이
다. 혹 2 에는 3
의 곳으로 비마
를 한다.

4 도 (맛이 나
쁘다) 부분적으
로는 혹 1 의 부
딪힘이 모양이
다. 백 2 에 혹
3 은 생략할 수
없는 점이다.

백 4, 6 으로
공격하여 이하
10 까지 — ·
a 의 곳에 뻗어
서 사는 맛이 남
는다. 혹 3 으로
7 은 백 a 로
그만이다.

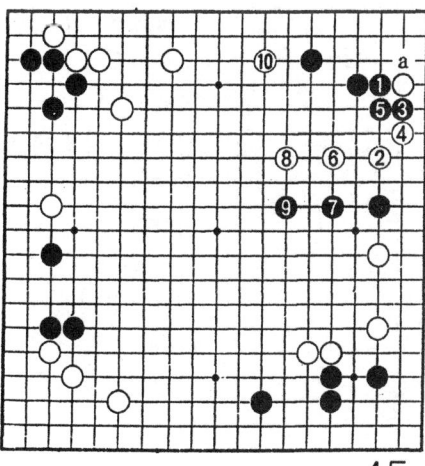

4 도

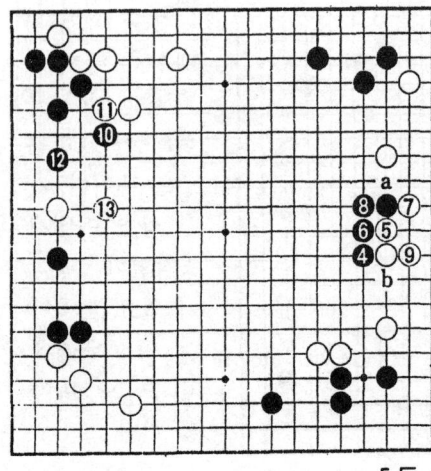

5 도

5 도(실전의 진행) 3 도에 계속하여 흑은 4 의 붙임으로 벽을 두텁게 하여 좌변에 전기를 구한다.

백7, 9로 건너가는 것이 용이하다.

백9로 a 는 흑b 의 젖힘이 날카롭다.

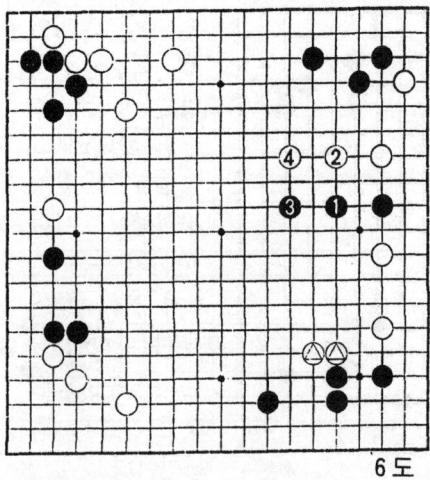

6 도

6 도 (평범한 진행) 전도의 흑4로 1의 곳 한칸은 백2, 4로 계속 추격해 나간다.

백△표로 사전에 움직였기 때문에 백은 강화된 모양이다.

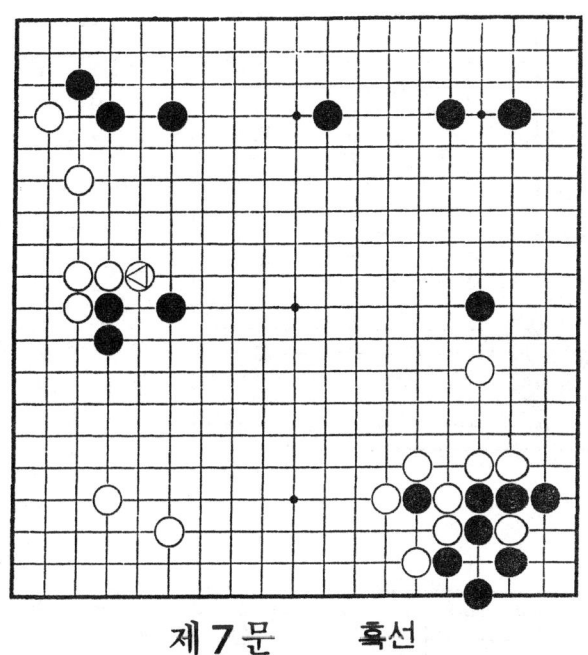

제7문　　흑선

삭감이냐 큰곳이냐

여기에서 백이 ⊘로 뻗어 나왔다. 이런 국면에서의 촛점은 어디일까?

흑은 우변, 백은 좌변에 세력을 형성하고 있다.

돌의 방향을 어떻게 결정지어야 할까? 그렇게 쉽지만은 않은 곳이다.

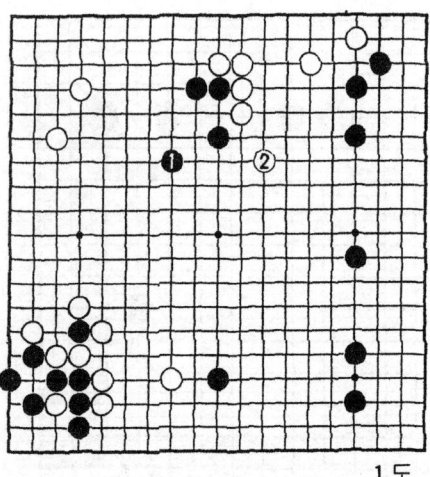

1 도 (삭감)

흑 1 의 날일자
는 이런 곳에서
는 모양이 된다.

단점을 보강
하여 좌변의 세
력을 삭감한다.

우변의 흑세
가 크지 않아서
손해를 보는 듯
한 느낌이다.

1 도

2 도 (정해)

흑 1 로 늘어 백
의 진출을 붕쇄
하며 우변을 넓
고 크게 키운다.

백 a 의 나감에
는 흑 b , 백 c ,
흑 d 로 두는 것
이 요령이다. 다
음에 e 의 3·3
침입이 남는다.

2 도

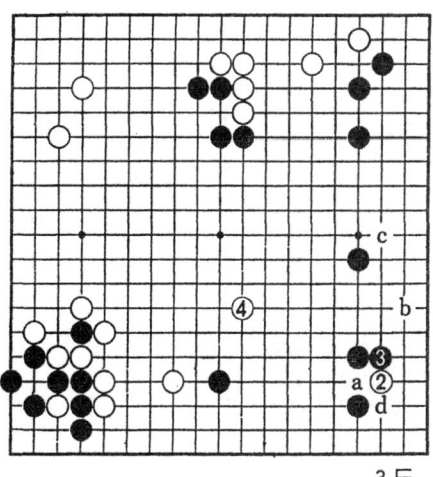

3 도

3 도 (실전의 진행) 주위를 살펴볼 필요가 있다. 백은 2로 들여다 보고 나서 삭감해 나간다. 만약 흑이 3으로 a의곳을 잇는다면 백b나 c, d가 맞보기가 된다.

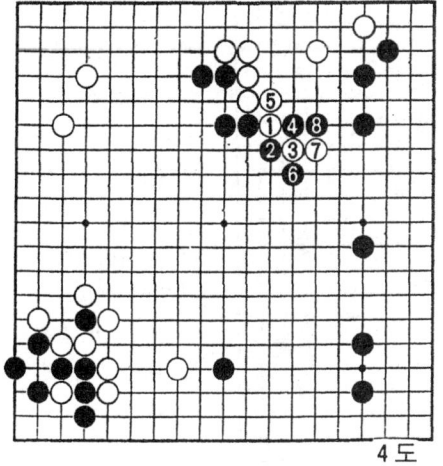

4 도

4 도 (견고) 상변은 백이 뚫고 나가려 하면 흑에게 외세를 허락하게 된다.

흑 **4** 이하 **8** 까지―. 전투개시. 흑의 세력권 내에서의 싸움이다.

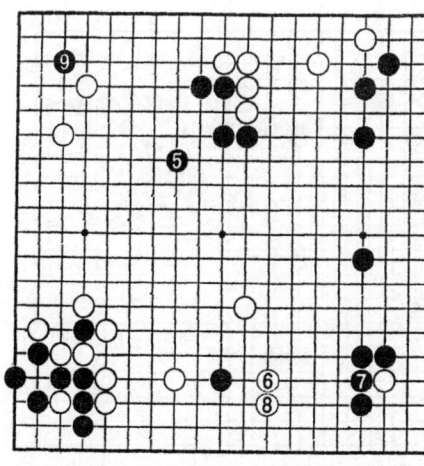

5도

5도 (실전의 진행) 삭감의 의도는 상변에 있다.

여기에서 흑5로 지키는 시기를 판단해야 한다.

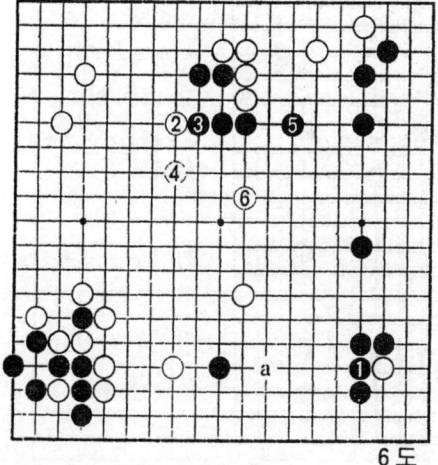

6도

6도 (세력 작전) 흑1의 이음은 전문기사가 두텁게 두는 수이다.

백a로 두는 것은 지나치다. 그래서 백2, 4 다음에 6으로 국면을 넓게 벌린다.

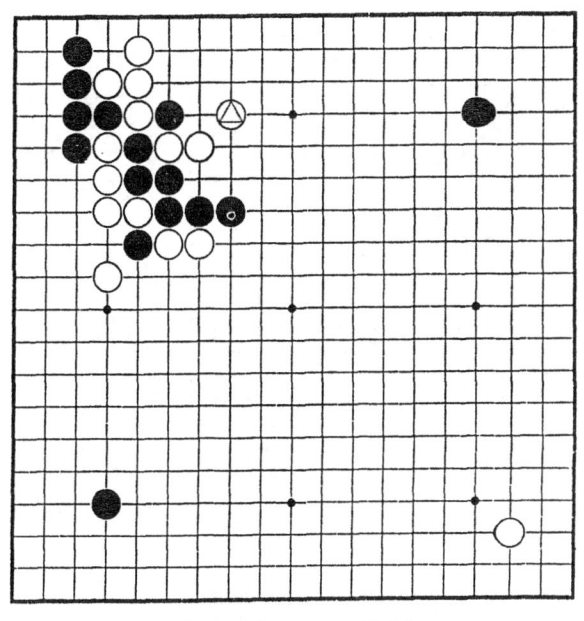

제8문　　흑선

전개의 조화

　여기에서 백이 △표의 마늘모로 흑 한점을 봉쇄시키고 있다.

　흑은 여기에서 국면전개의 조화를 구하여야 한다. 중앙의 수수가 부상하고 있어 약체이다.　횡목의 진행임을 잘 살펴야 한다.

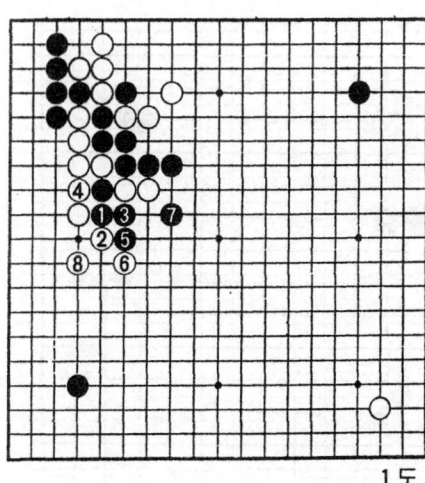

1도

1도 (2점을 잡다) 흑1로 움직여 나가는 것은 어떨까? 백2에서 4의 이음까지—·다음에 흑 5, 7로 2점을 잡는다. 이 결과 중앙의 흑은 강화가 되었지만 그 이상으로 좌변의 백 모양이 좋다.

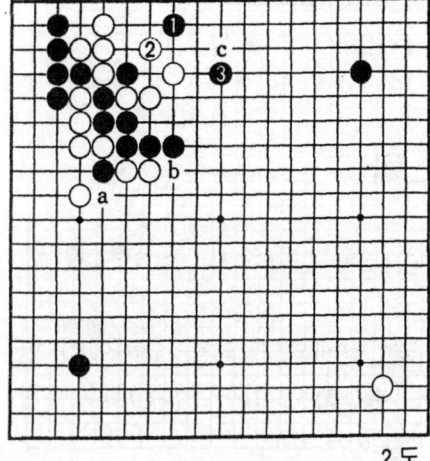

2도

2도 (정해) 흑1로 2선에 침공을 하여 응수를 물음이 좋은 수이다. 백2에는 3으로 가볍게 두는 것이 좋은 발상이다. 흑a로 나가는 것은 b의 엿봄이 있다.

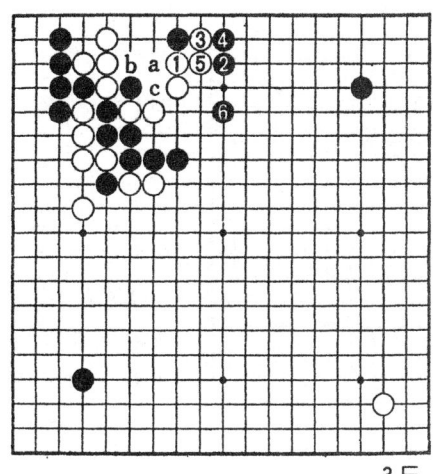

3 도

3 도 (밭전자의 이유) 2선의 수에는 백1의 붙임이 맥이다. 이 모양에서는 흑2에서 6 까지 상변에 큰 세력을 구축한다.

흑a , 백b , 흑3, 백c , 흑2의 진행으로 백에게 2집이 생기지 않는다.

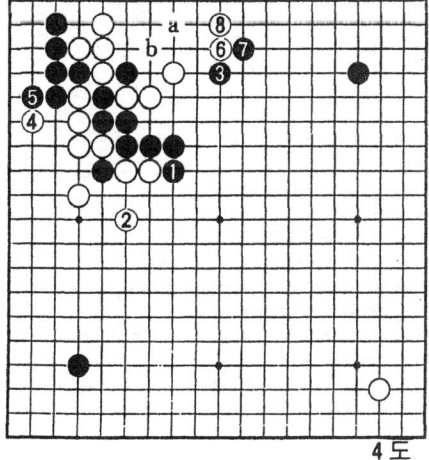

4 도

4 도 (손해) 흑1로 먼저 두는 것은, 백2를 기다려 3의 압박이 상식적인 발상의 하나이다.

흑a에는 백b로 받아 좋지 않다.

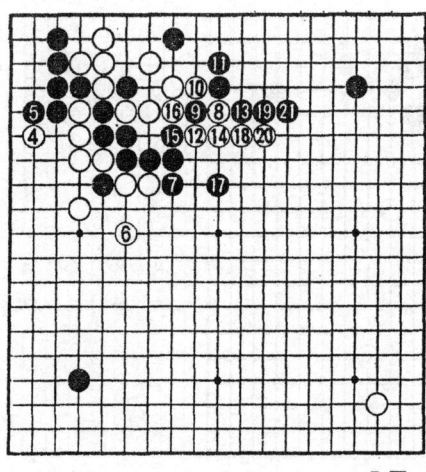

5 도

5 도 (실전의 진행) 백은 4 에서 6으로 선수로 지킨다.

흑 7의 구부림은 세력상의 대요점이다.

백 8의 붙임에는 흑 9, 11로 호조. 상변에 확정지가 생겨서 우세이다.

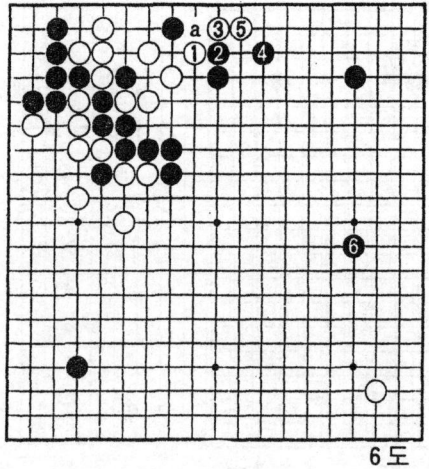

6 도

6 도 (실리를 철저하게) 전도의 백 8로는 1로 마늘모를 하는 수도 있다. 이것은 실리를 철저히 구하는 수이다.

흑은 다음 우변을 전개해 나간다.

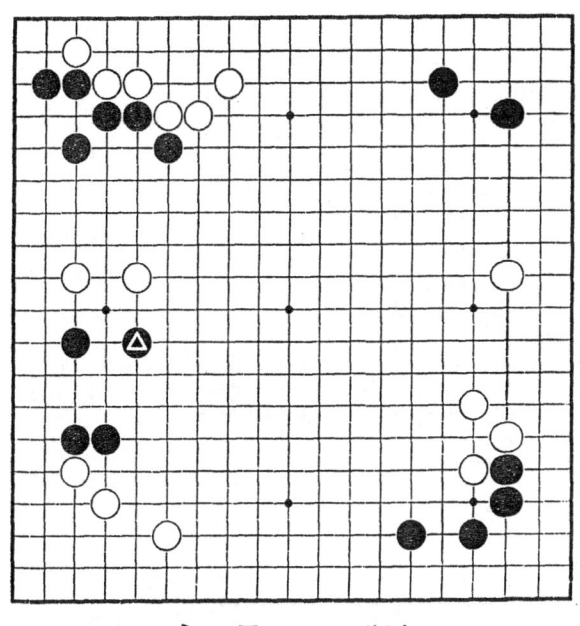

제9문   백선

둔화된 상태

여기에서 혹⚫ 표의 한칸뜀이 있다.

이 혹 일단을 보강하여 백 2점을 공격하는 한편, 좌하의 3·3에 침입을 노리고 있다.

서로의 큰 곳에 두어야 하는데 상당히 둔화된 상태이다.

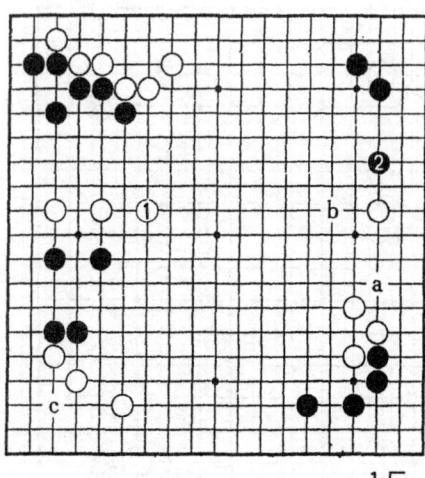

1 도 (무기력)
백1의 한칸 뛰
는 수, 흑2의
협공이 큰 곳이
다.

다음에 a 의
침입을 포함한
수로 매우 호점
이다. 백b 로 이
를 방지하면 흑
c 로 3·3에
침입을 한다.

1 도

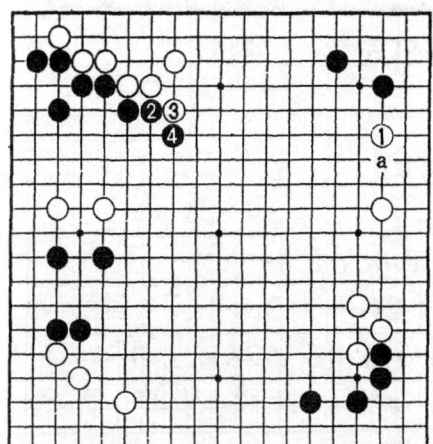

2 도 (공격)
백1로 반대로
벌리는 것은 흑
2, 4 로 상변을
공격해 온다.

흑은 a 가 무
기력한 수이다.

2 도

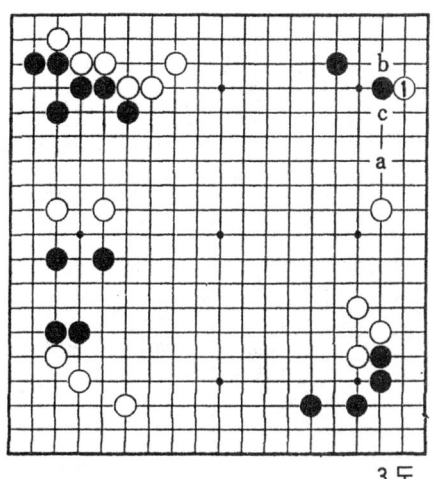

3 도

3 도 (정해)
백 1 로 아래에
붙여 흑의 응수
를 묻는다.

흑에서 a 로
벌려 받는 것은
가치가 떨어 진
다.

흑이 전도에
서 손을 빼면 흑
b , 백c 로 된
다.

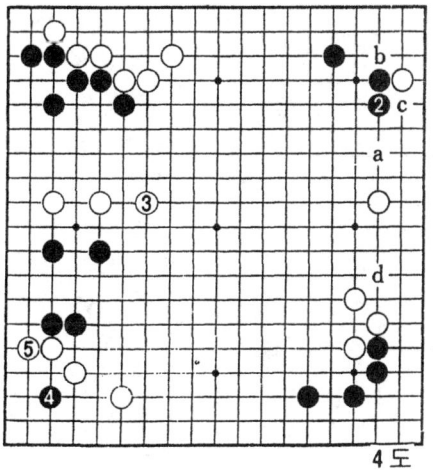

4 도

4 도 (실전의
진행) 흑은 2의
곳으로 늘었다.

여기에서 다
음에 흑a 에는
백b 로 맛이 남
는다.

흑c 의 끊음
엔 d 로 젖힌다.
흑a 의 가치가
하락함을 볼 수
있다.

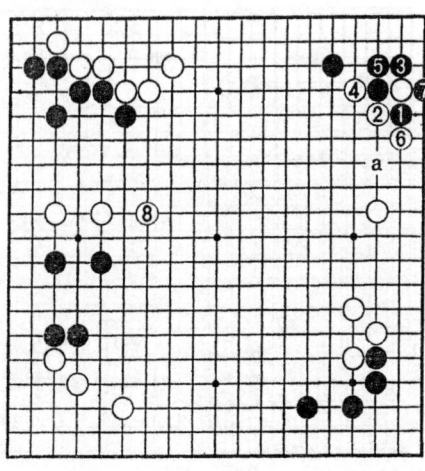

5 도

5 도(백의 이 상형) 흑a 가 없다면 백의 아 래쪽 붙임에는 흑 1 로 젖히는 모양이다.

백 2 에는 흑 3, 이하 4, 6 까지 결정한 다 음 8 로 뛰어나 와서 백의 이상 적인 진행이다.

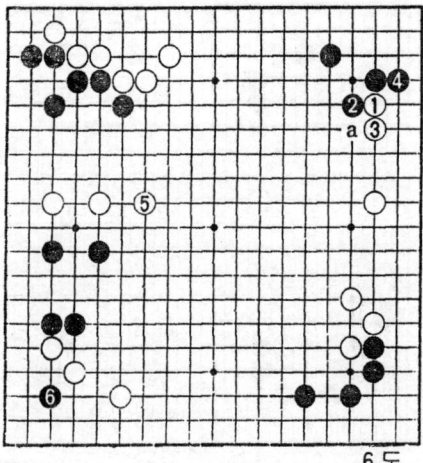

6 도

6 도(무겁다) 같은 모양이지만 무거운 형태.

백 1 의 횡적 인 붙임은 의문 이다.

흑 2, 4 로 귀 를 지킨 다음에 a 로 미는 수가 두텁다.

백 5 에는 흑 6 으로 3·3에 침입을 한다.

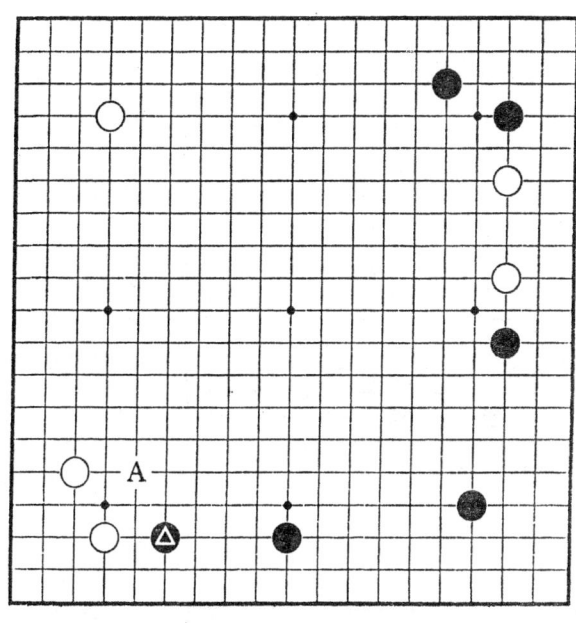

제10문   백선

흑의 의중은 ?

여기에서 흑◬ 표로 협공을 해왔다.

우하귀 일대가 세력화 되었다. 우변의 백 2 점을 궁하게 하여서는 도저히 바둑이 안된다. 또한 좌하변의 흑A의 압박도 강렬하다.

흑A를 방지하고 우하를 선행할 수 있는 백의 의중의 수는?

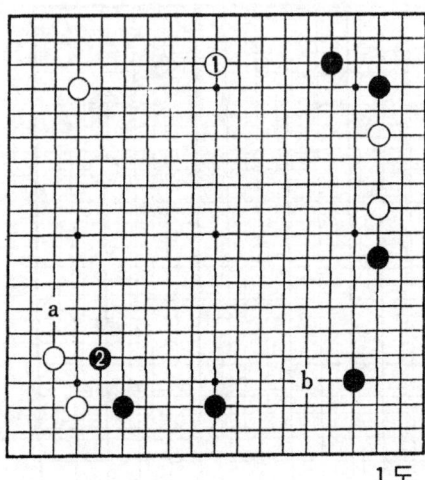

1도

1도 (큰곳)
큰 곳이라면 상
변의 백1이다.

이 국면에서
는 생명에 지장
이 없는 곳이다.
흑2의 압박 후
에 백a 면 흑b
로 모양을 갖춘
다.

이렇게 추격
해 나갈 자리다.

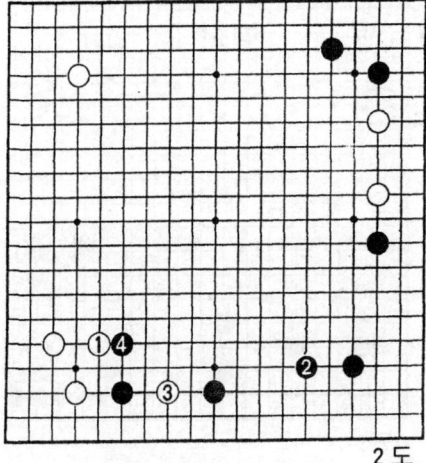

2도

2도(흑의 응
수) 백1은 세
력상의 요점이
긴 하다.

그러나 흑은
2의 큰곳을 선
점한다. 3의 갈
라침에 대해선
흑4로 붙여
전투개시다. 백
1은 너무나 단
순한 수비이다.

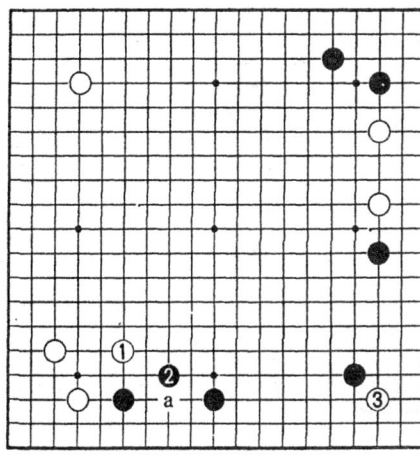

3 도

3 도 (정해)
백 1 의 모자씌
움의 한 수. 한
걸음 더 진행해
나간다. a 의
갈라침을 노리
는 수이다.

혹 2 로 지키
면 백 3 으로 3
·3에 침입을
한다.

4 도 (치중이
급소) 혹 2 로
반격을 하는 것
은 백 3 의 마늘
모, 혹 4, 6 으
로 절단을 허락
한다.

백 7 에 혹 8
은 기합, 이때
백 9 의 치중이
작은 맥이다. 11
,13다음 백15로
중앙전을 꾀해
십분 두기 쉬운
모양이다.

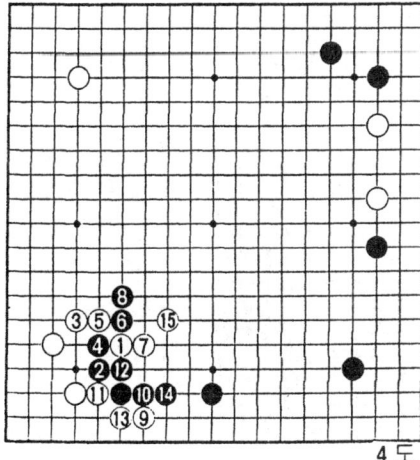

4 도

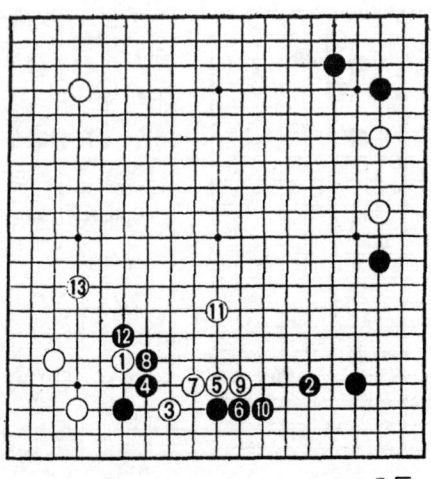

48

5도 (미연에 축소) 흑2로 우하귀를 지키면 백3으로 갈라치기를 한다.

백5 이하 13 까지 좌변을 개척하여 공격을 한다.

흑의 세력이 축소된 모양이다.

5 도

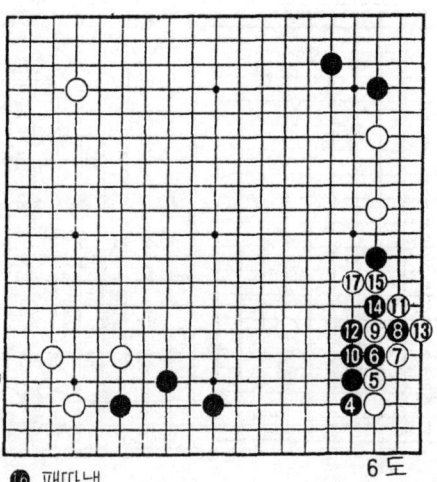

6도 (실전의 진행) 흑이 이곳에서 두는 방법은 4의 곳 내려섬, 다음에 6, 8의 2단젖힘을 선수로 취한다. 다음에 14의 단수엔 15의 반발이 호수이다.

2점을 강화한다.

⑯ 패따냄

6 도

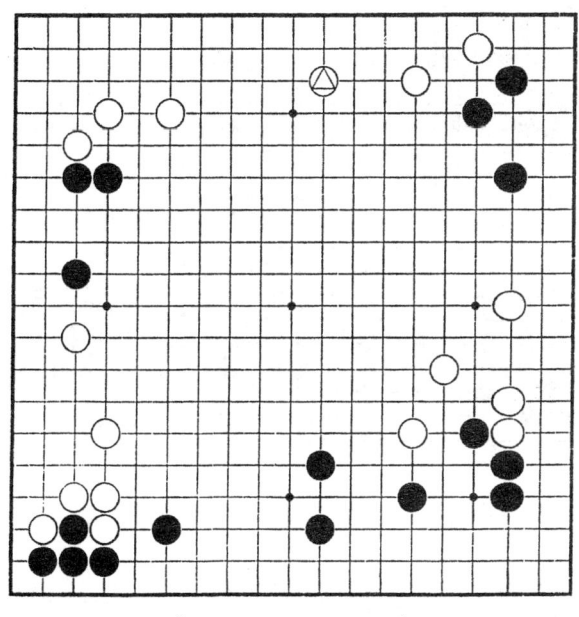

제11문   흑선

발을 견고하게

여기에서 백이 ⊘ 표로 벌려있는 모양이다.

상변의 백세력이 매우 크다.   이에 대해 하변의 흑이 대항을 하고 있다.

전국을 한 눈에 바라볼 수 있는 확실한 수단을 찾아야 한다.

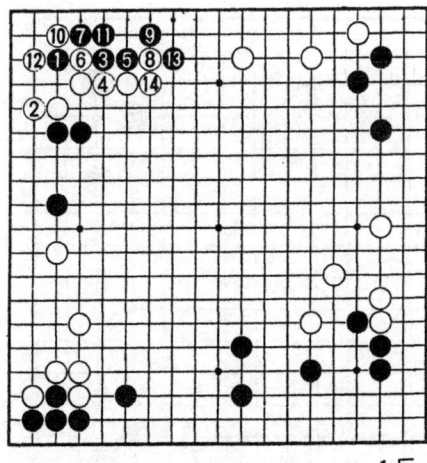

1 도

이런모양에서는 3·3의 침입이 있다. 백2 이하 14까지 평범한 받음이다. 이렇게 되고 보면 좌변의 흑3점이 매우 엷다.

금후의 예상도이다.

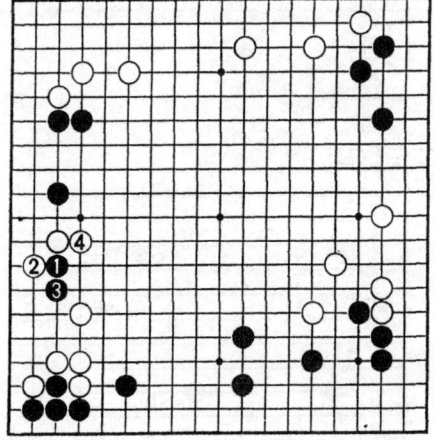

2 도

2 도 (지나침)
흑1의 붙임은 어떨까? 현재의 상황에서는 백2, 4로 저항을 한다.

흑3점이 약해진다. 급하지 않은 곳이다.

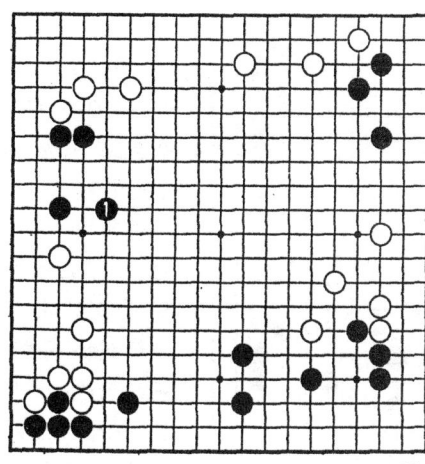

3 도

3 도 (정해)
흑 1 로 엷은 모
양을 강화한다.
　상변의　백세
는 한 수로　깰
수가 없다.
　좌변에　대한
구체적인 한 수
이다.

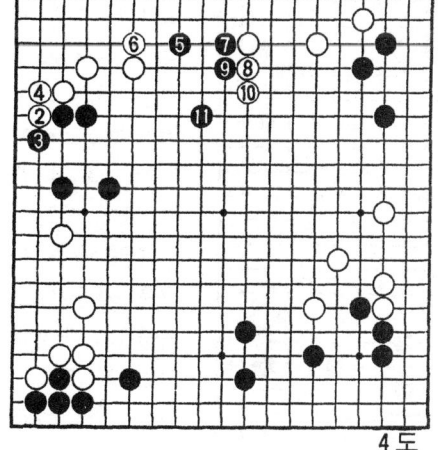

4 도

4 도 (실전의
진행) 백은　2
, 4 의 젖힘으로
귀를 견고히 한
다. 동시에 좌
변의　흑모양을
붕괴시킨다. 다
소 공격하는 맛
이 있다.　흑 5
에　7 이하 11까
지 진출을 한다.

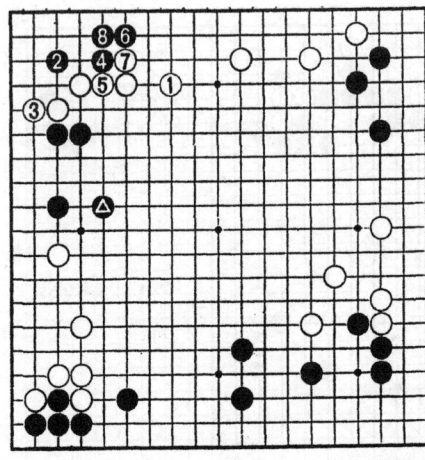

5 도

5 도 (변에서 귀) 백 1로 변을 지키는 것은 흑 2로 귀를 침입당한다.

백 3의 차단에는 흑 4, 6으로 움직인다.

좌변에 흑● 표가 있어 공격할 수가 있다.

변과 귀가 맞보기이다.

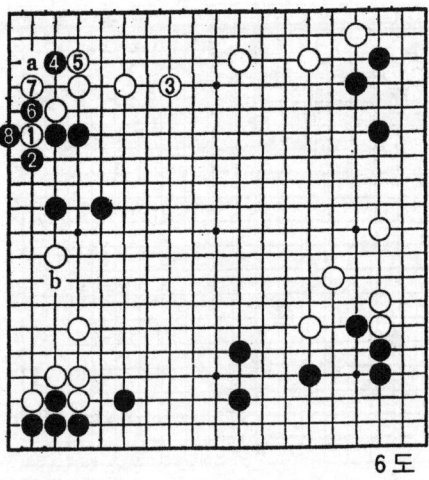

6 도

6 도 (수비) 백 1의 젖힘, 다음에 3으로 지키는 것은 어떨까? 흑은 냉정하게 4, 6, 8로 끊어 잡는다.

흑의 매우 두터운 싸움이다. 지금의 싯점에서는 흑 b의 붙이는 맛이 남는다.

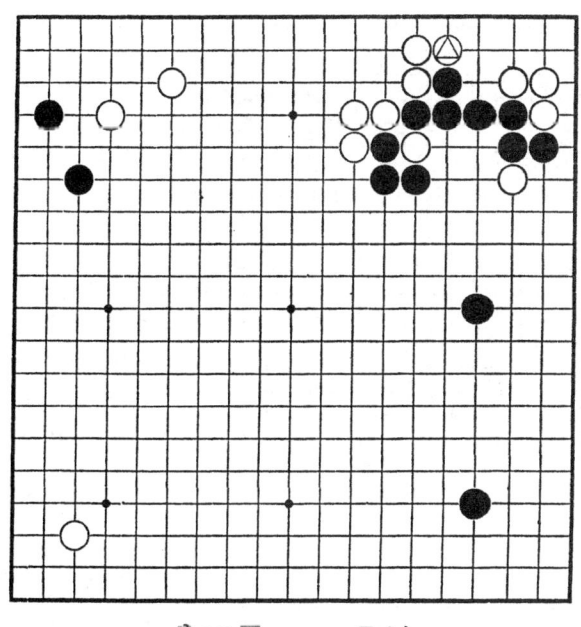

제12문　　　흑선

큰곳인가 급한 곳인가

여기에서 백이 ⚪ 로 구부렸다.

이것으로 우상의 정석형은 일단락되었다.

　포석의 모양으로 되돌아간 국면인데　세력상의
요점은 어느곳일까?

　단순하게 두는 것은 이후의 진행이 어렵다.

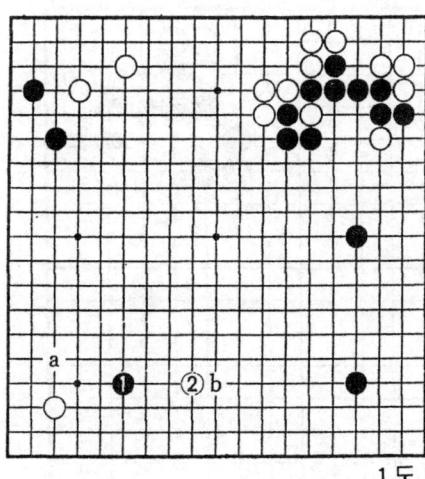

1도 (욕심은 과욕) 흑1의 걸침에는 백a 흑b의 이상형 이다. 이곳에서 의 흑의 이상형 은 백의 가장 나쁜 모양이다. 백2로 갈라 쳐 세력상의 요 충을 두어 흑이 불만이다.

1도

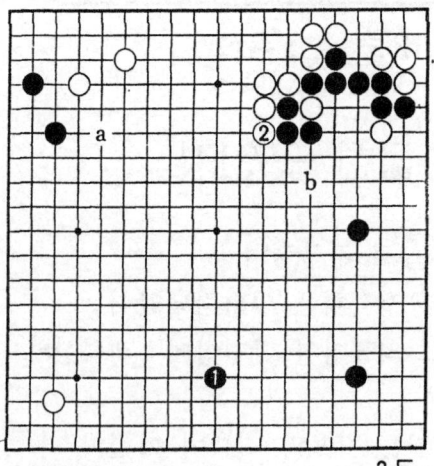

2도 (세력의 접점) 흑1로 두는 방법은 어 떨까? 그러면 백2로 밀고 나 온다. 이곳도 세 력상의 요점이 다. 상변을 백 a로 넓히는 수 가 한눈에 들어 온다. 다음에 흑 b의 삭감도 유 력하다.

2도

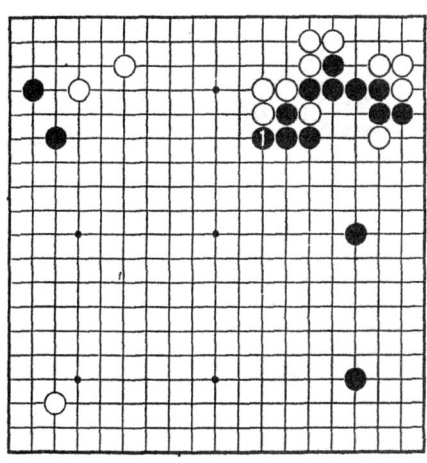

3 도

3 도 (정해) 일단락된 정석 형이다.

흑 1 로 미는 수순이 매우 좋다. 이곳이 전 국적인 구심점 이다.

상변의 백 세력을 확장하는 것을 미연에 방지하는 좋은 수이다.

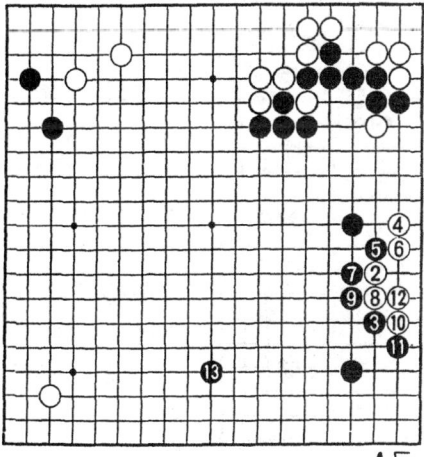

4 도

4 도 (실전의 진행) 백은 2의 곳을 갈라쳐 왔다.

우변이 흑집이 되는 것을 막는 시급한 곳이다.

흑 3 이하로 봉쇄를 한 다음에 13의 큰곳으로 돌아간다. 이 것이 종점이다.

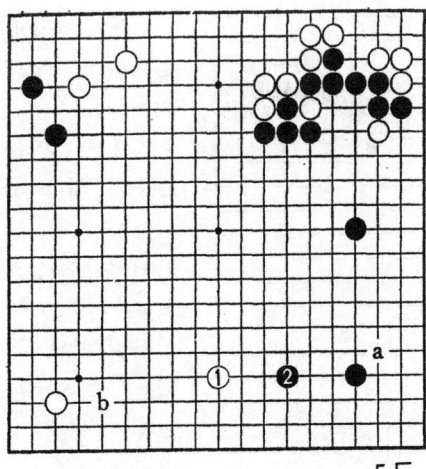

5 도

5 도 (큰곳)
백 1 로 큰곳을
선행하는 것은
흑이 2 의 곳을
벌려 좋은 모양
이다.

우변을 넓게
벌리는 수이다.
다음에 a 의 한
수로 귀를 지킬
수가 있어 전도
보다는 백이 고
통스럽다.

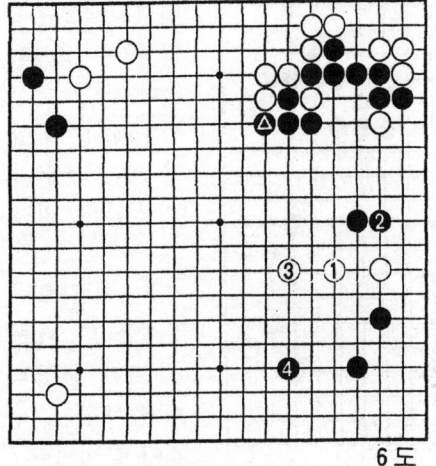

6 도

6 도 (철주)
4도의 백 4 로
1의 곳 한칸은
흑 2 로 지켜 확
정지가 생긴다.

흑 ● 표의 움
직여 둔 점이 있
어 흑은 유유히
4의 곳에 둘 수
가 있다.

제2장

중반에 결정한다

중반에 있어서는 전기와 후기로 구분을 한다. 전기는 돌의 강약이 주된 것으로 공방이며, 후기는 집의 크고 작음이다. 이것도 주로 공방이다.

전자의 결과에는 질적판단, 후자의 결과에는 양적판단이 필요하다.

구체적으로는 중반의 전기에 승부수를 결행한다.

귀의 힘, 계산의 힘이 천변만화를 하는 시기이다.

싸움에 있어서도 형세판단을 우선으로 하는 것이 중반이다.

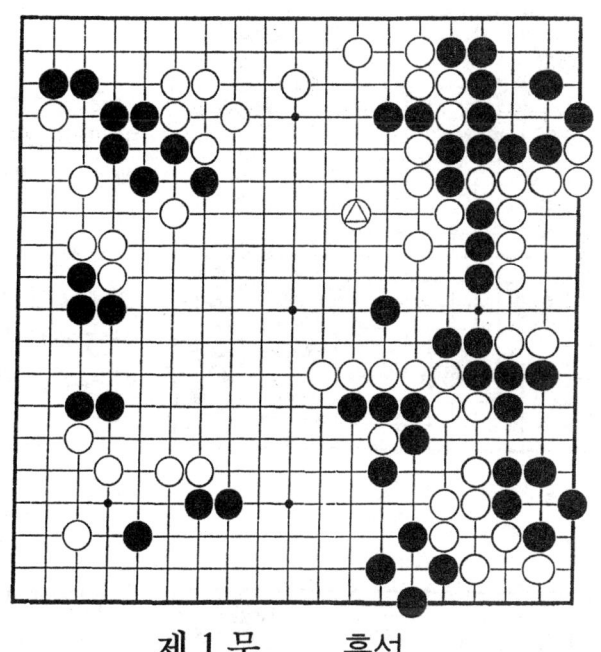

제 1 문   흑선

모양을 키운다

여기에서 백△ 표로 날일자 하였다.

흑이 둘 수 있는 곳은 여러 군데이다.   상변의
백이 크다.

흑은 목산을 하여 형세판단을 할 필요가 있다.
국면을 살펴보아 주도권을 잡아야만 한다.

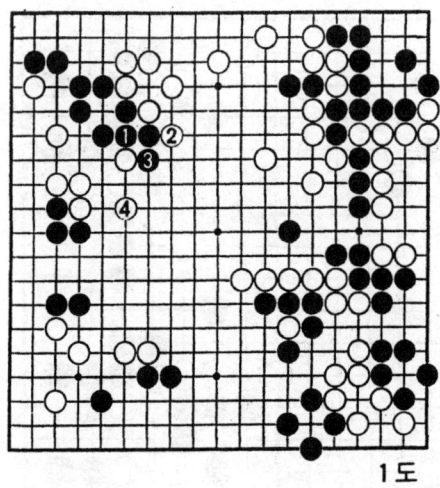

1도

1도

1도 (신중) 흑1의 이음이 가장 확실하지만 발이 느리다. 백2의 젖힘이 한길이다.

흑3으로 나올때 4로 모양을 정비하여 백이 좋은 바둑이다.

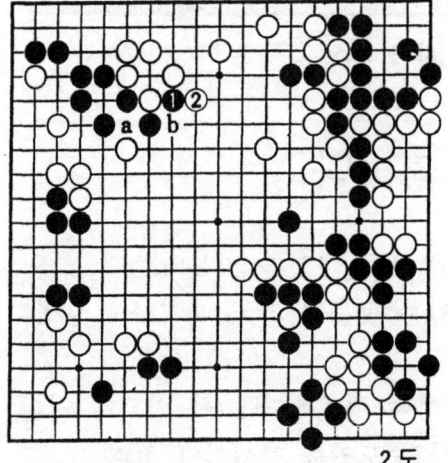

2도

2도

2도 (패가 불기미) 흑1의 단수는 어떨까? 물론 절대의 끊음은 없지만 백2로 반발하여 패이다.

이 패를 흑이 지면 대손해이다. 이긴다고 하여도 별로 재미가 없다.

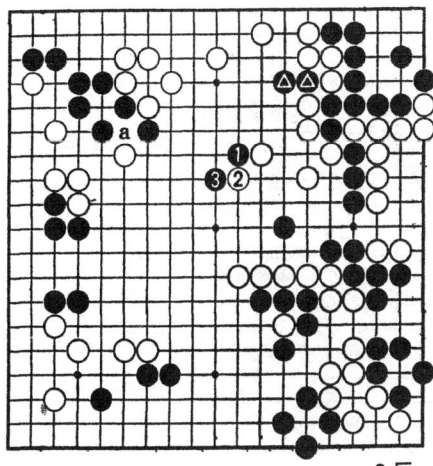

3 도

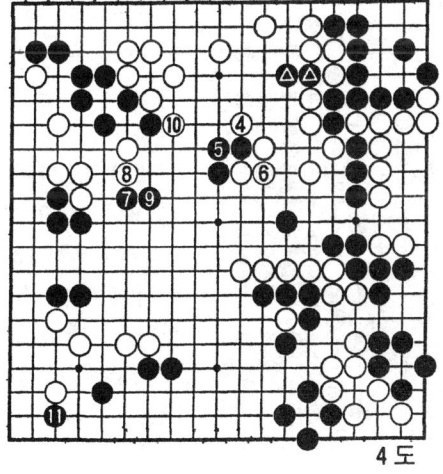

4 도

3 도 (정해)
백a의 끊음을
놓아둔 채 흑●
표의 2점에 다
소의 활력이 있
음을 이용한다.
　상변의 백집
을 삭감하는 것
이 제1의 목적
이다. 제2의
목적은 좌변의
백을 공격, 제
3의 목적은 좌
하의 백을 분단
하는 것이다.
　4 도 (실전의
진행) 백4, 6
으로 흑●표를
고립시켜 받으
면 흑7, 9로
좌변을 공격하
여 흑세를 구축
한다. 계속하여
흑11의 붙임으
로 백이 2집내
기에 불안하다.

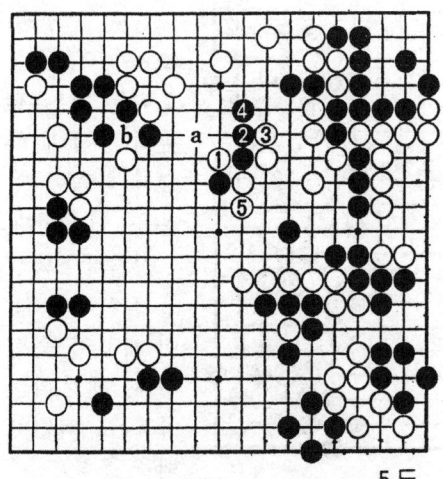

5 도

5 도 (최강의 저항) 백의 최강 수단은 전도의 백 4로 1의 곳 끊음이다. 백 3, 5로 흑 일단을 공격하는 것은 도박이다. 흑a의 씌움에는 백b로 끊어서 승부를 건다.

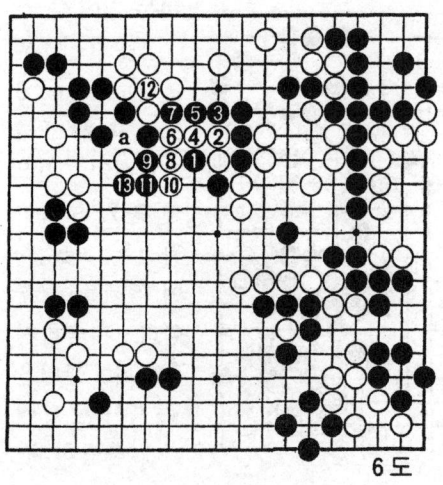

6 도

6 도 (변화) 전도에 계속하여 흑 1로 단수한다.

백 2로 받아서 흑은 7, 9의 단수를 거쳐 13까지 승리를 결정한다. 백 12로 a의 끊음은 흑 12로 천하패가 난다.

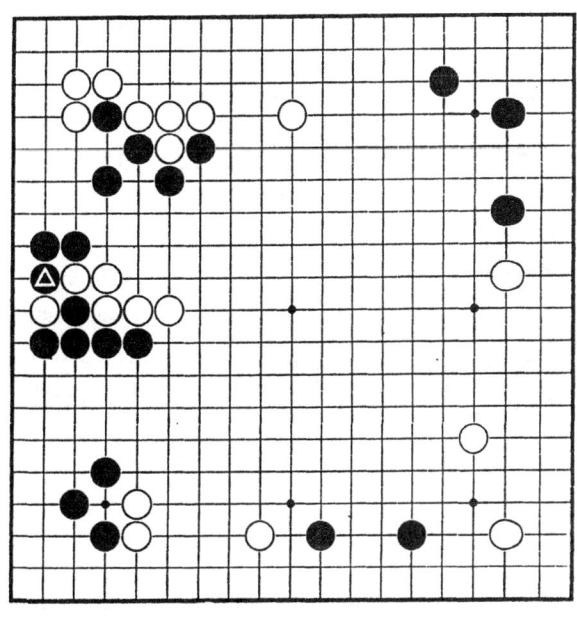

제 2 문   백선

삭감을 약하게

여기에서 흑⚫ 표로 백 1 점을 잡았다.

백 5 점이 떠 있는 모양이다. 백이 그냥 도망을 하는 것은 무겁다. 형세를 불리하게 할 우려가 있다. 한편 하변의 백도 엷은 모양이다. 그러나 하변의 흑이 약한것이 유일한 약점이다.

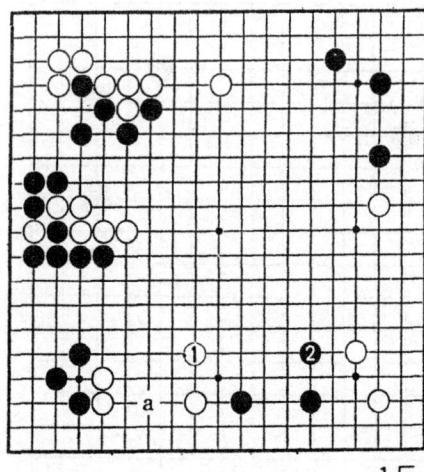

1 도

1 도 (엷은 이동) 백 1 로 뛰어 하변을 강화하면 흑 2 는 상식적인 발상이다.

지금의 싯점에서는 백이 엷다. a의 갈라침이 되살아 난다.

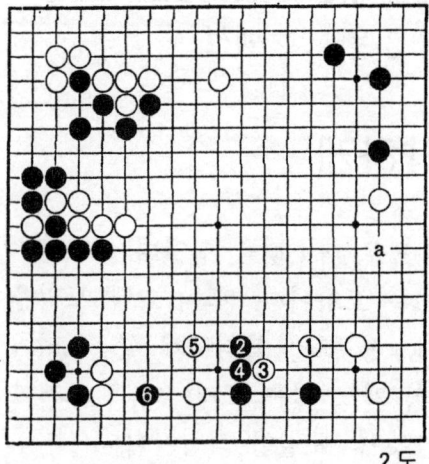

2 도

2 도 (흑에 주도권) 백 1 다음에 3, 5로 움직이는 것은 흑 6 의 갈라침으로 인하여 전투의 주도권은 흑에게 넘어간다.

장래 a의 노림이 남는다.

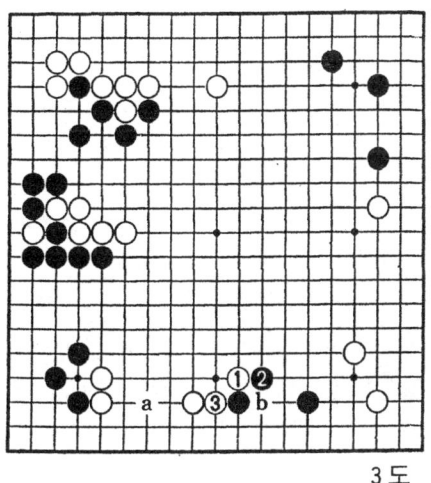

3 도

3 도 (정해)
하변의 흑을 공
격한다면 자기
진영의 수비를
우선으로 하는
국면이 필요하
다. 백 1, 3 의
붙여 **뻗음**, 다음
에 a의 갈라침
이 있다.

흑 2 로 b의곳
뻗음도 3의 곳
을 둔다.

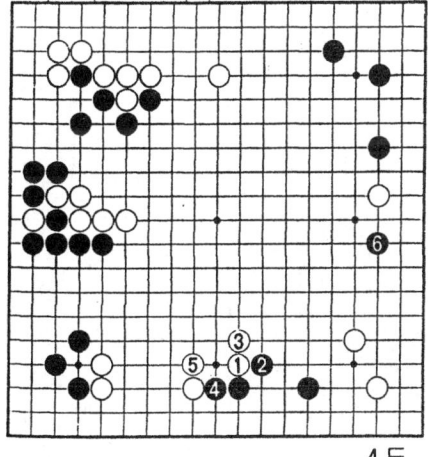

4 도

4 도 (여유)
비슷한 감각이
다. 백 1, 3 으
로 붙여 뻗음은
논외이다.

이것은 흑 4
까지 모양이 늘
씬하다.

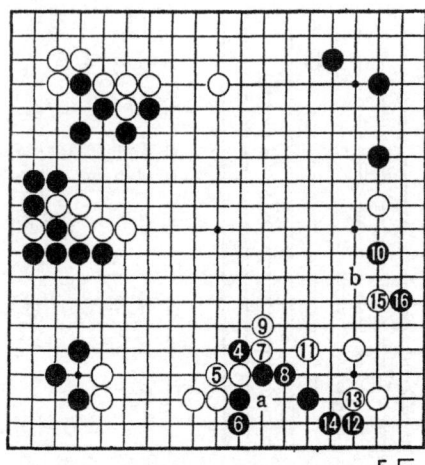

5 도

5 도 (실전의 진행) 흑 4 로 한점을 단수하면 백 5 다음에 흑 6 으로 내려 a 의 끊음을 방지한다.

그러면 백은 7, 9 로 세력을 쌓아 좌변의 백 5 점에 성원을 보낸다. 흑 6 으로 a 의 곳 이음은 백 b 로 둔다.

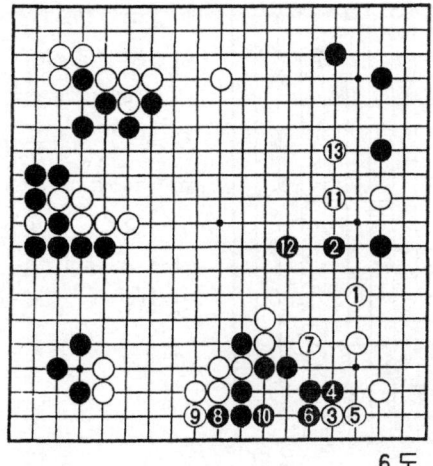

6 도

6 도 (최선의 수단) 전도의 백 11로는 1 의 곳에 한칸 뛰는 것도 교묘하다.

흑 2 에는 백 3, 5 로 붙여 뻗는다. 백은 13 까지 공격한다.

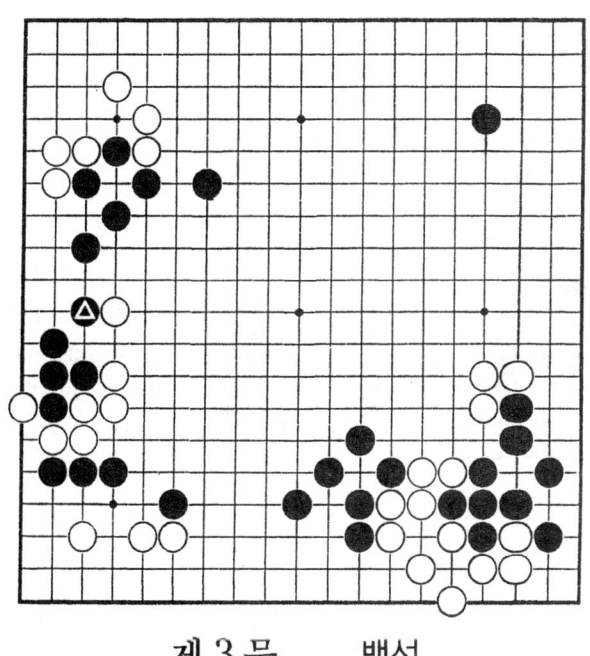

제 3 문　　　백선

약점을 보강

여기에서 흑이 ●표로 붙여왔다. 실리는 백이 압도적으로 많다.

흑은 좌변을 공격하여 전력을 기해야 한다.

다행히 하변의 흑은 약하다.

어떻게 공격을 해야할까를 생각해 보자.

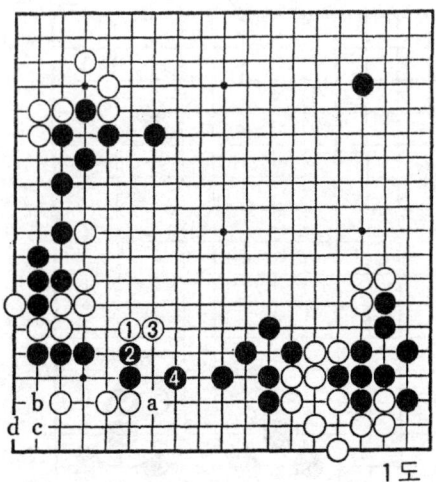

1 도 (하변의 고통) 제 1 감은 백 1 의 날일자 이다. 그러면 흑 2, 4 로 평범하게 연락을 한다. 흑 a 의 내려섬 다음에 흑 b, 백 c, 흑 d 로 패가 난다. 이면에 이러한 공격의 맥이 있다.

1 도

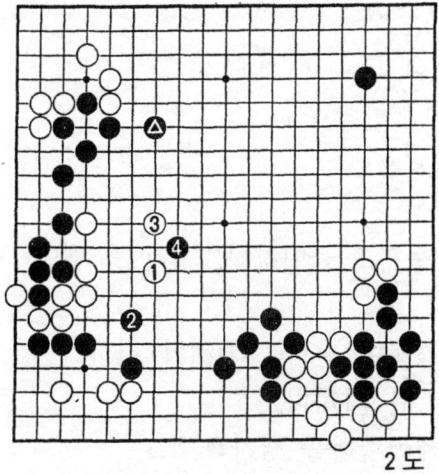

2 도 (공격 당함) 백 1 로 두는 것은 흑 2 로 모양을 갖춘 다음에 바깥쪽에서 공격을 당한다.

하변의 흑이 두터워지고 흑 ● 표로 벌려 있음을 생각해야 한다.

2 도

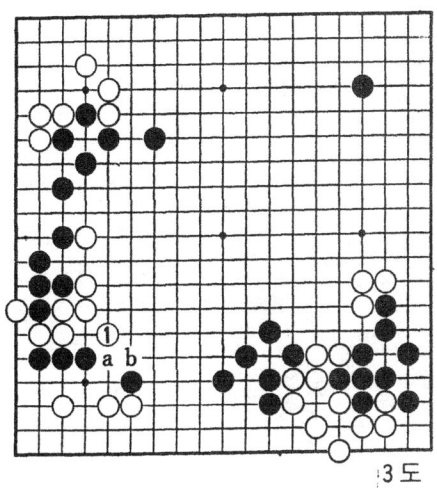

3 도 (정해)
백 1 의 마늘모
로 흑모양의 약
점을 노린다. a
에는 b 의 절단
이 두렵다.

흑은 우형이
된다.

:3 도

4 도 (실전의
진행) 흑 2 로
받으면 백 3 의
젖힘이 강력하
다. 흑 4 에는 백
5 의 날일자로
호조이다.

흑 2, 4 로 저
항의 여지가 있
는 곳인데 흑 4
로 a 의 곳이면
백 4 로 끊는다.

4 도

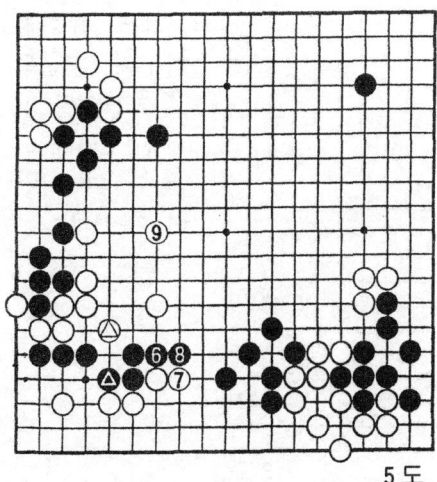

5 도

5 도 (실전의 진행) 전도에 계속하여 흑 6, 8 로 연락을 취하면 백 9 까지 중앙을 보강하여 좋지가 않다.

백 ⊘와 흑 ● 표의 교환을 자만하여선 안된다.

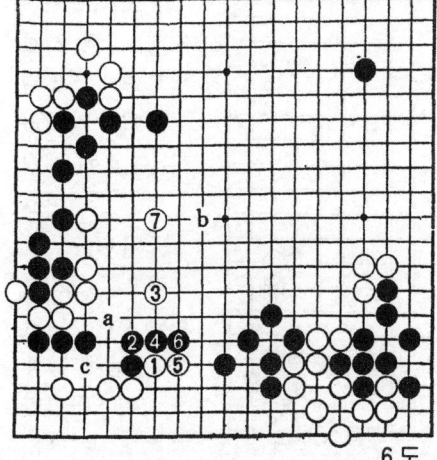

6 도

6 도 (이유) 수순을 변화시켜 보자. 그것은 백 1 의 젖힘을 생각해 본다.

a 에 백돌이 없다면 흑 b 로 공격을 당한다.

나중에 흑 c 로 둔다.

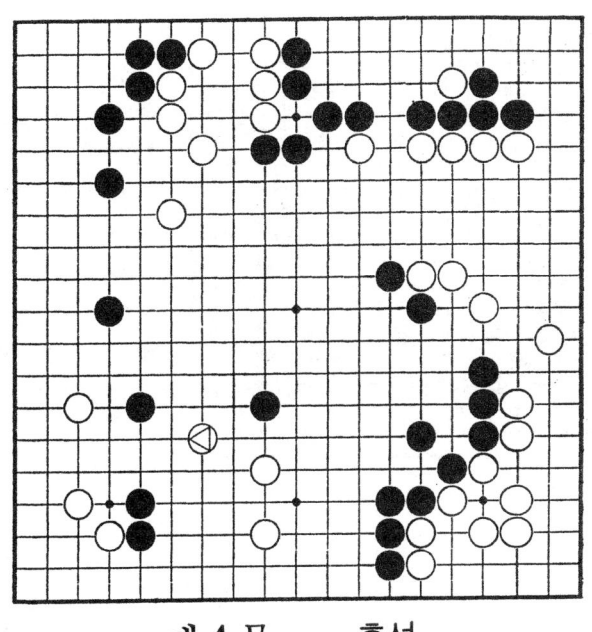

제 4 문   흑선

전선수습

여기에서 백이 ◬로 날일자하였다.

흑 모양이 엷음을 노린 수이다. 가장 확실한
수단을 생각하여 보자.

형세는 유리. 전선을 수습하여 종반에 대비를
할 시기이다.

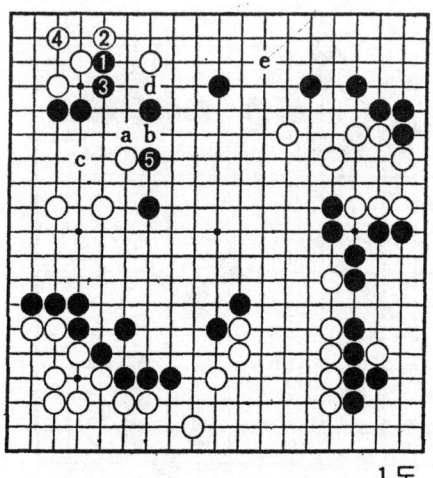

1 도

1 도 (유력한 수법) 흑1, 3 의 붙여 뻗음. 다음에 5의 붙임이 제1감의 맥이다.

백이 a로 뻗으면 흑 b 에서 백 c, 흑 d, 백 e 가 승부수이다

2 도

2 도 (직접) 흑 1 로 측면에서 압박하는 것은 백 2, 4 로 둔다.

지나친 공격이 된다.

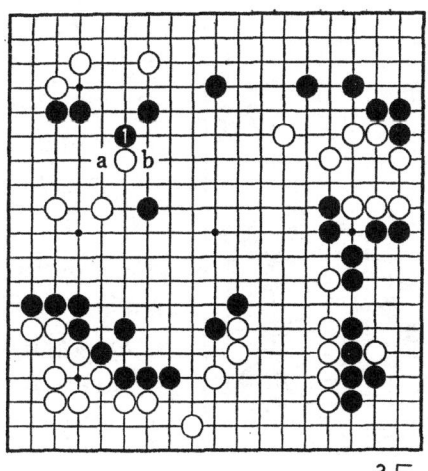

3 도

3 도 (정해)
최선의 방법은
어딜까?

흑 1의 마늘
모가 가장 확실
한 수이다. 좌우
의 연락을 겸하
고 있다. 백a
라면 흑b , 백
b라면 a로젖혀
붕괴시킨다.

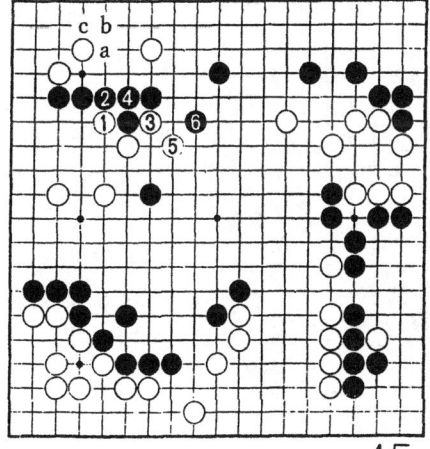

4 도

4 도 (진출)
백 1에서 3의
단수로 나가는
것은 흑 6의 추
격이 날카로운
수이다.

좌상에는 흑
a, 백b, 흑c의
맥이 남아 있는
곳이다.

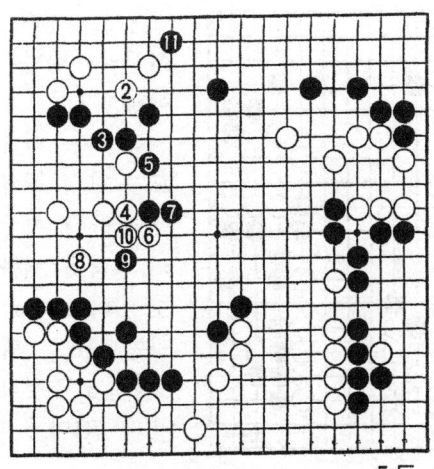

5 도

5 도 (실전의 진행) 백 2 의 마늘모가 교묘한 응수이다. 의외의 공격이다.

혹 3, 5 로 두터운 형세이다. 백 4 이하 8 까지 된 모양에서는 혹11의 끝내기가 크다.

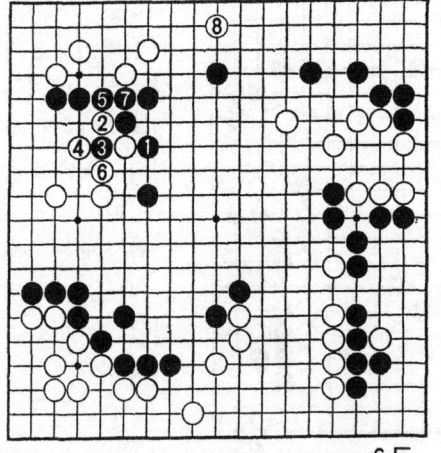

6 도

6 도 (백의 주문) 혹 1 로 급하게 두는 것은 백의 주문이다.

백 2 의 젖힘에는 혹 3 의 끊음이 급한 곳. 백은 8 의 큰곳을 달린다.

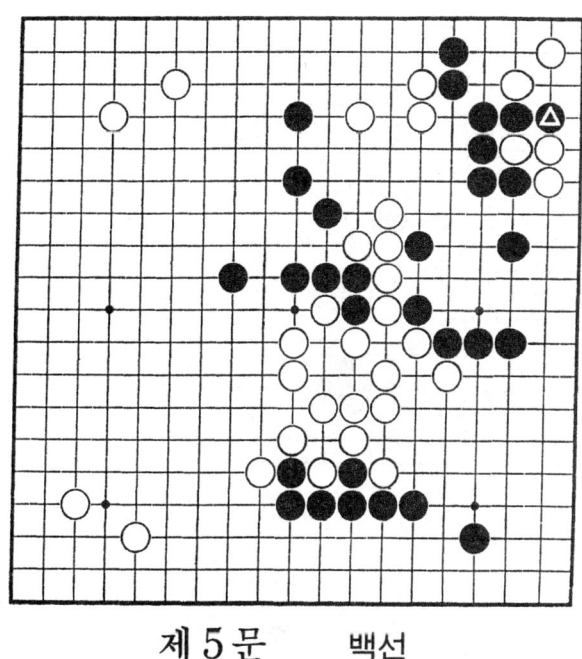

제 5 문　　　백선

큰 곳인가 급한 곳인가

여기에서 흑이 ▲ 표로 내려섰다.

중앙의 패를 바꿔치기하여 수중에 넣은 것이다.

우변의 흑이 압도적으로 우세하고, 백은 중앙 쪽이 매우 두텁다.　상변의 흑이 엷어서 좌변의 싸움이 관건이 된다.　제 1 의 착수는 ?

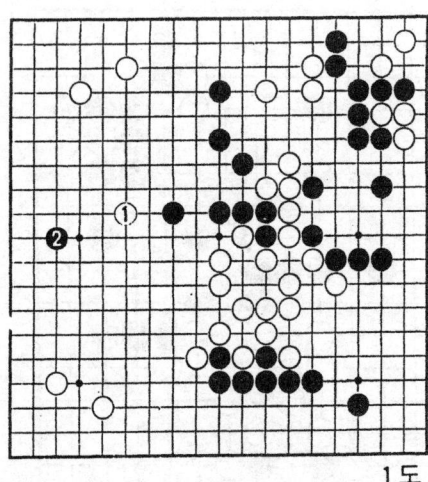

1 도 (씌움)
백 1 로 씌우는
것은 어떨까?
이것은 혹 2 로
갈라쳐 와서 매
우 복잡한 싸움
이 된다.
백이 한곳에
몰려있는 듯한
느낌이다.

1 도

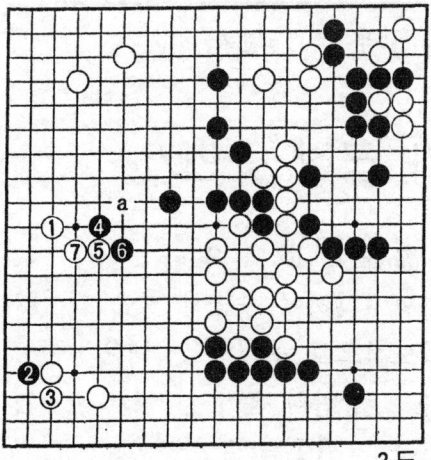

2 도 (정해)
백 1 로 큰곳을
두는 것이 대세
의 기초작업이
다.
혹 2, 백 3 의
교환은 의문이
다. 혹은 4 의
곳에 두어 백세
를 삭감한다. 백
5, 7 로 우변이
견고하여 진다.

2 도

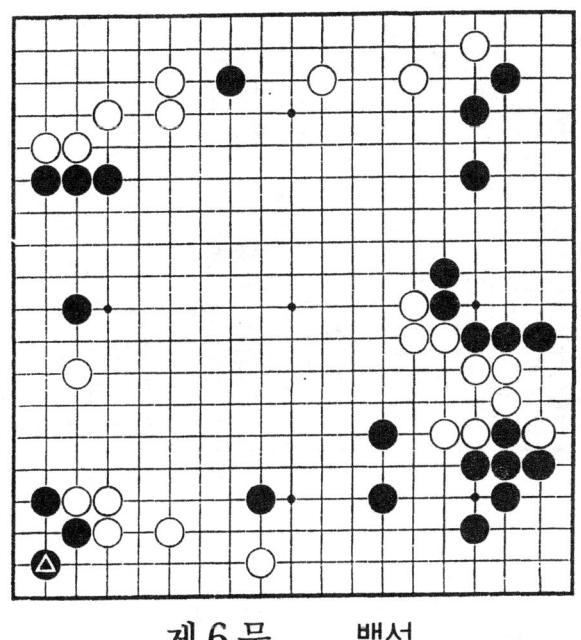

제 6 문　　　백선

승부의 호구

여기에서 흑▲표로 호구를 하였다.

귀에서 삶을 확정짓는 수이다.　승부 수 이긴
하지만 너무 깊은 맛이 있다.

흑의 약한 돌이 상변에 있다.

이쪽을 어떻게 두어야 할까?

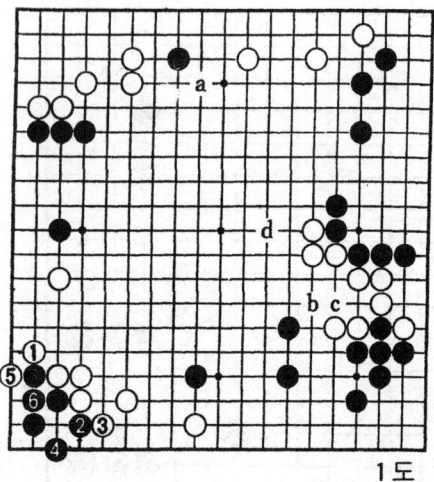

1도

1 도 (함축성
이 없다) 백1
로 그냥 막는
것은 상식적인
수법으로 6까
지 될 자리이다.
다음에 백a
로 씌워 간다.
혹은 b, 백c,
흑d의 공격으
로 백 비세이다.

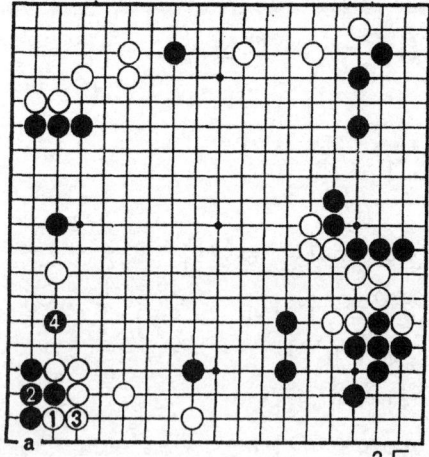

2도

2 도 (단수 이
음) 백1, 3의
단수이음은 흑
4가 조화있는
모양이다.
a의 곳을 내
려서 사는 수가
남는다.

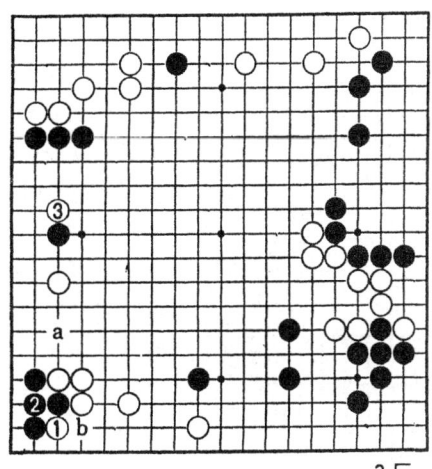

3도 (정해)
백 1로 단수를
한 다음에 3으
로 좌변에 붙여
서 흑의 응수를
묻는다.

백돌이 a에
있게 되면 백 b
로 이어서 귀의
흑이 죽게 되는
수가 있다.

3도

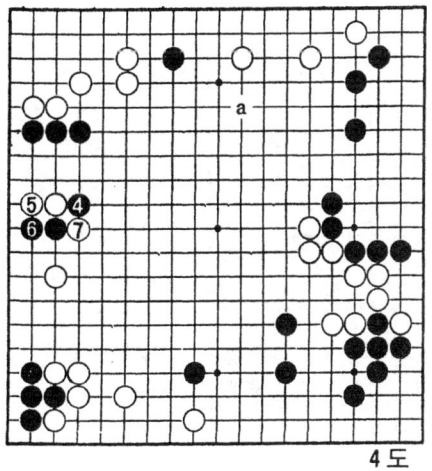

4도 (실전의
진행) 흑 4로
위쪽을 젖히면
백 5의 내려섬
에서 7의 끊음
까지 반발한다.

이 부분이 두
터워지면 상변
의 흑 한점을
a로 크게 두어
잡는다.

4도

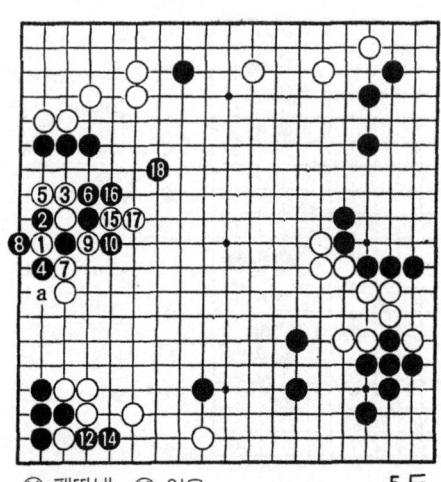

5도 (손해가 크다) 백 1로 젖혀 반발하는 맥을 생각하여 보자. 흑 2 이하 9의 단수. 12,14로 패를 바꿔치기함을 본다.

⑪ 패따냄 ⑬ 이음

5 도

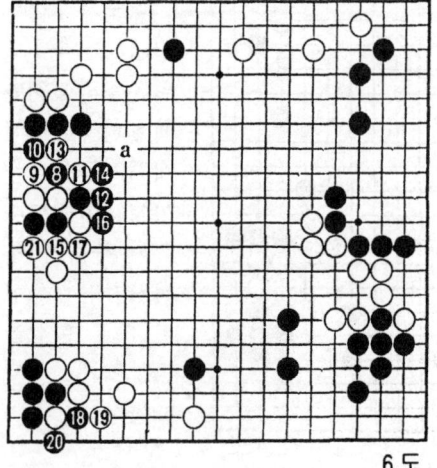

6도 (실전의 진행) 4도에 계속하여 흑은 8, 10으로 2단 젖혀 내린다.

백 15로 2점을 잡아 상당한 전과다.

21은 a의 단점을 노리는 수이다.

6 도

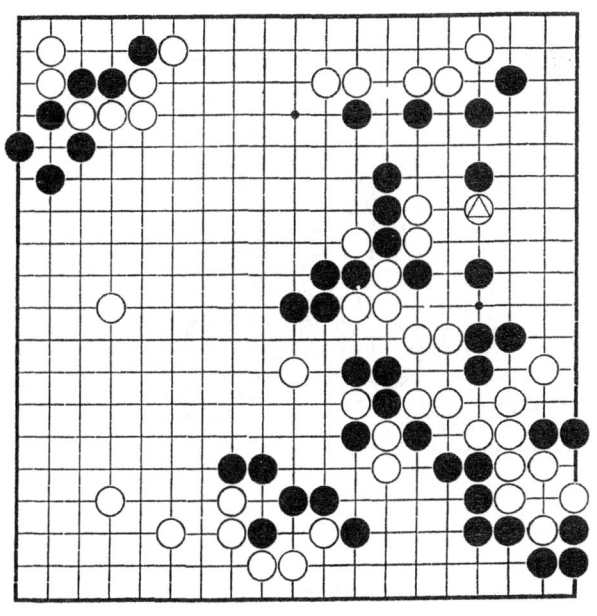

제 7 문　　　흑선

필사의 지킴

여기에서 백△표의 붙임으로 우변의　　백돌의 삶을 구하고 있다.

여기에서 흑이 어떻게 두어야 하는가?

최강의 수단을 연구하여 보자.

어느 곳일까?

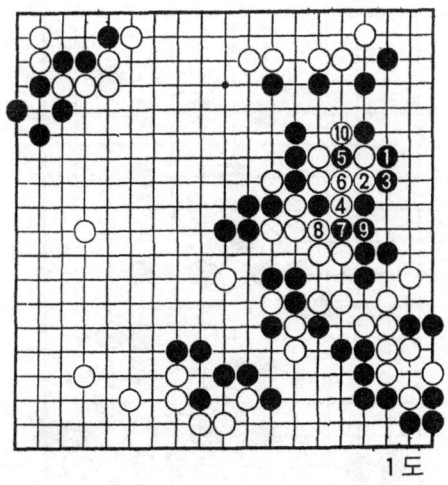

1도

1도 (젖히면)
흑 1 로 젖히면
백 2, 4 로 한점
을 잡는다. 우
변에 한집이 있
어 흑이 나쁘다.
흑 5 에서 9
까지인데 10으
로 된 모양에서
건너감을 맞보
기로 한다.

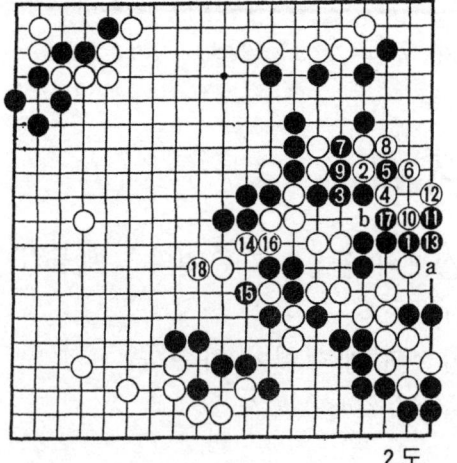

2도

2도 (내려섬)
흑 1 로 내려서
a의 건너감을
노리고 있다. 백
a, 흑 3 이 기대
된다. 백은 2
, 4 다음 14 까
지― · 팻감이
문제이다.
백 18로 나가
도망한다.

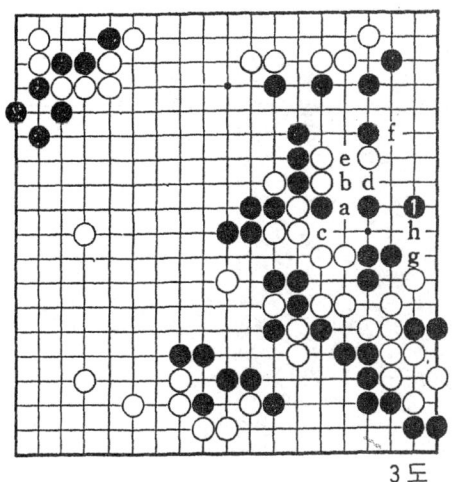

3 도

3도 (정해)
흑1의 한칸이
최강의 수이다.
　백a의 단수
엔 흑b, 백c,
흑d, 백e, 흑
f로 되어 엷은
모양이다.
　백g는 흑h로
내려서 한 집이
다.

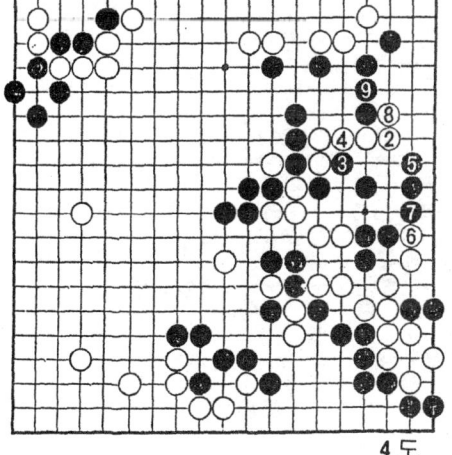

4 도

4도 (실전의
진행)　백2는
함축성이 있는
수.
　흑3에서 5
까지 된 이후의
변화는 흑의
수가 한수 빠르
다.
　백 대마가 죽
는다.

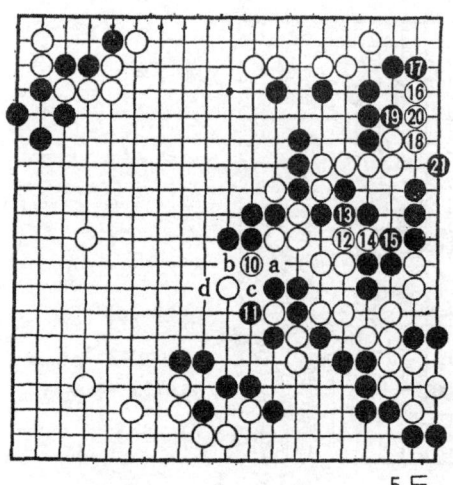

5 도 (실전의 진행) 백10다음 a의 이음에는 흑b, 백c, 흑 d로 된다.

우변은 21까지 결정된다.

5 도

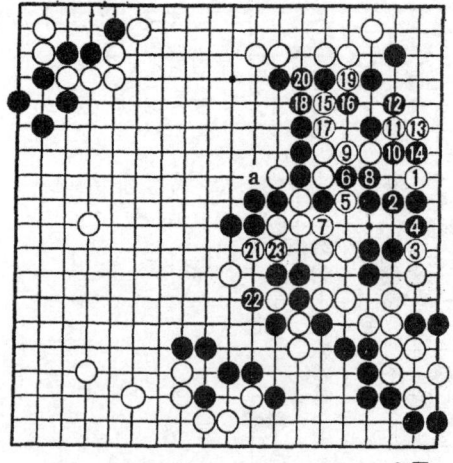

6 도 (유일한 바램) 백은 4도의 2로 1의 곳 붙임이 유일한 바램이다.

백3이하 15, 19절단에서 21, 23까지.

알기쉬운 결론이다.

6 도

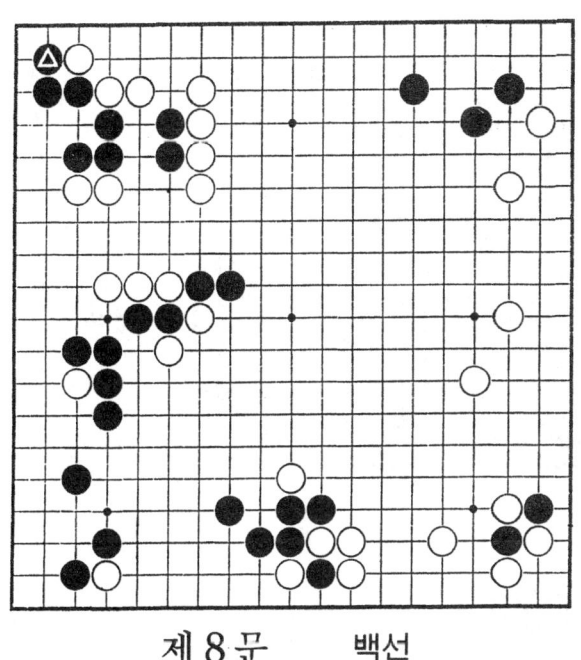

제 8 문   백선

힘을 나타냄

여기에서 흑이 ▲ 로 밀어 사는 모양이다.

백은 우변에 대세력을 만들려고 한다.

여기에서는 기풍의 기초이다.   달리느냐, 힘을
나타내느냐, 비약하느냐의 장면이다.

어떻게 두어야 할까?

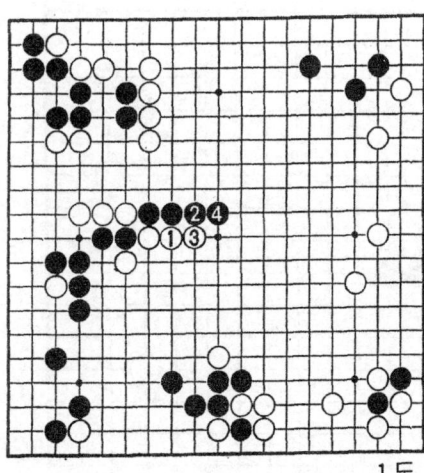

1도

1도 (고통스런 싸움) 백1, 3으로 나가서 좌하의 흑세를 삭감한다.

우변의 세력도 같이 축소가 되었다.

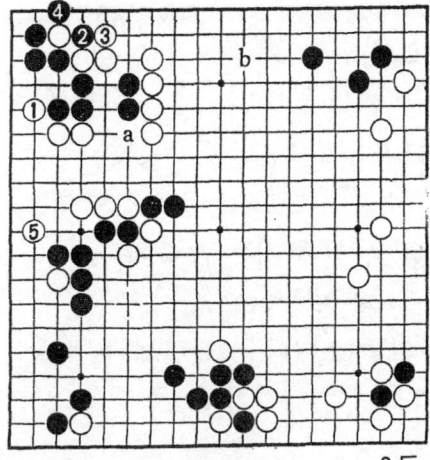

2도

2도 (엷다) 백1의 젖힘에는 흑은 2, 4로 산다. 계속하여 5의 날일자에 좌변 10집 정도가 확보되는 형이다.

a의 단점을 미는 것은 흑b를 선수로 다가선다.

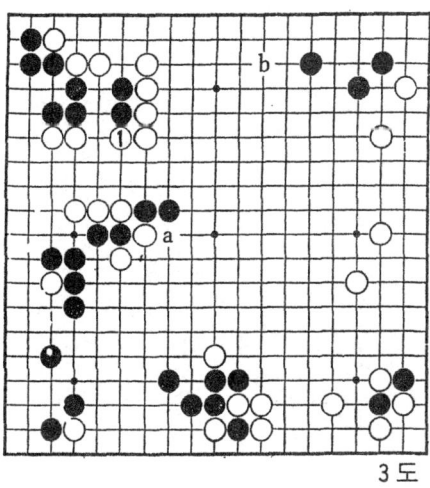

3 도

3 도 (정해)
백 1 로 구부리
는 수가 신념의
한 수이다.

　다음에 a 로
나가는 수를 본
다. 또한 백 b
로 바짝 다가서
는 수를 노린다.

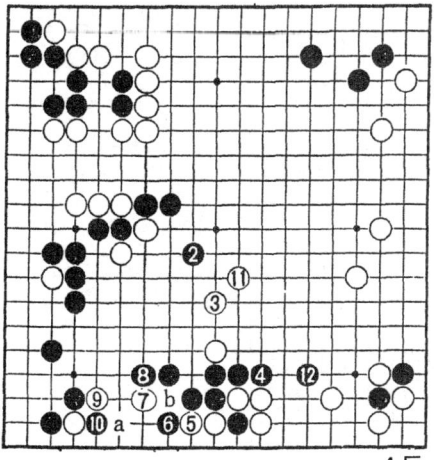

4 도

4 도 (실전의
진행) 혹은 2
로 지킨다.

　백은 3 으로
삭감하여 왔는
데 3 의　수는
악수다.

　혹10 다음 백
a 는 혹 b 로 살
지 못한다.

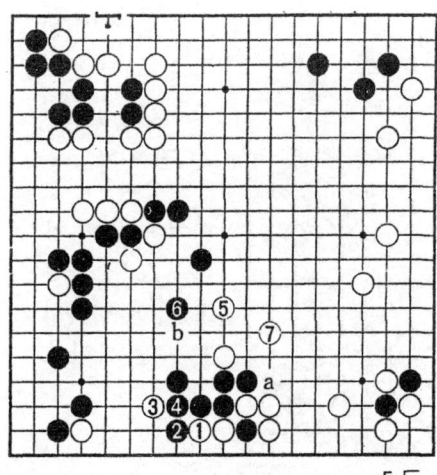

5도

5도(바른 수순) 백은 1로 민 다음에 3을 선수하고 5, 7로 가볍게 둔다.
흑6으로 a는 백 b로 침입을 한다. 실전의 진행에서는 백이 고전이다.

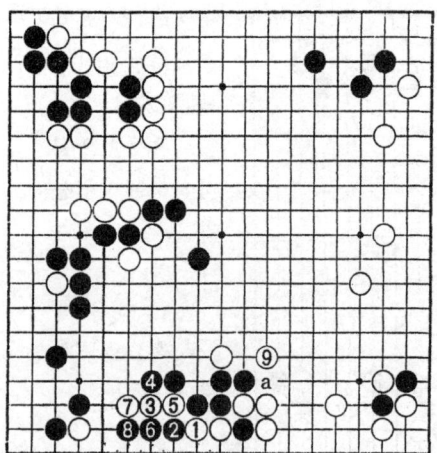

6도

6도(함축성) 흑a로 나가는 모양에 백3, 흑4는 무리이다. 백5의 끊음에 맛이 있다. 우변의 맛이 크다. 백 우세하다.

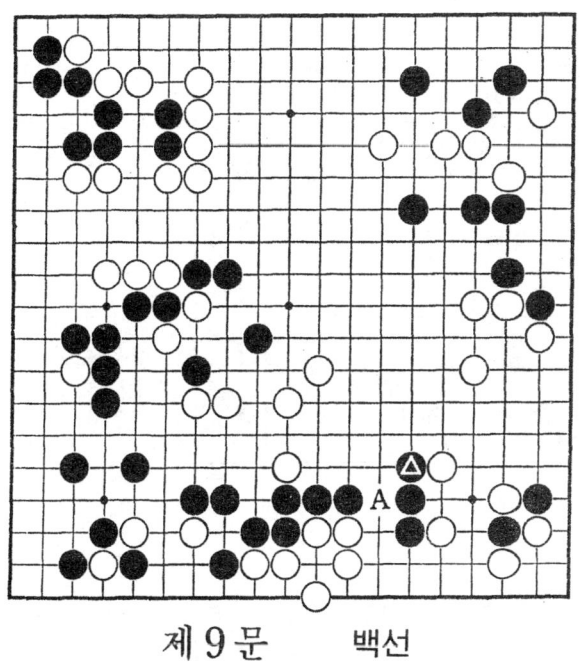

제 9 문　　백선

역전의 펀치

흑이 ⬢로 올라섰다.

백 A로 끼워 건너가는 수와 흑 2 점을 잡는 수를 경계하고 있다.

흑의 엷음을 찌르는 것을 염두에 두는 것이 필요하다.　20여수가 진행 되었음을 살펴보자.

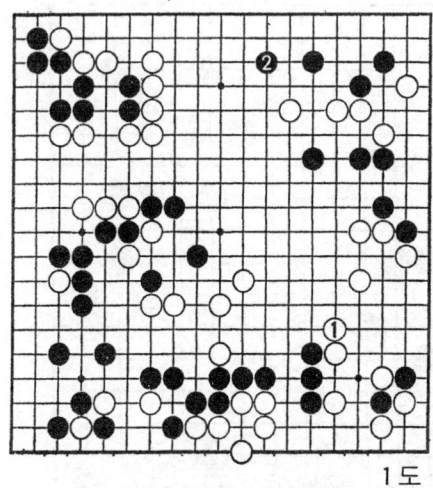

1 도

1 도 (무기력)
백 1 로 받음은
무기력한 수이
다. 흑 2 로 받
아서 좋은 모양
이다.

우상의 백모
양이 그냥 공격
을 당하여서는
전망이 없다.

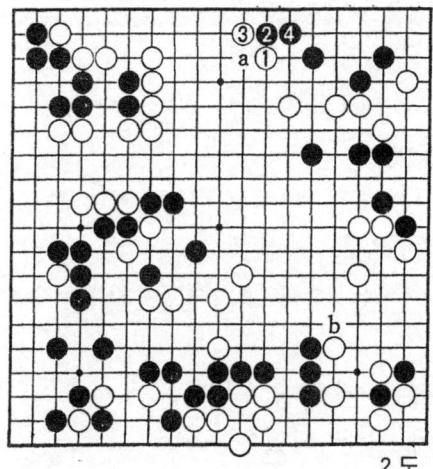

2 도

2 도 (변화)
백 1 로 상변에
세력을 키우는
수는 방법의 하
나이다.

흑은 2, 4 다
음에 a 의 곳 끊
음을 노린다.

a, b 가 맞보
기이다.

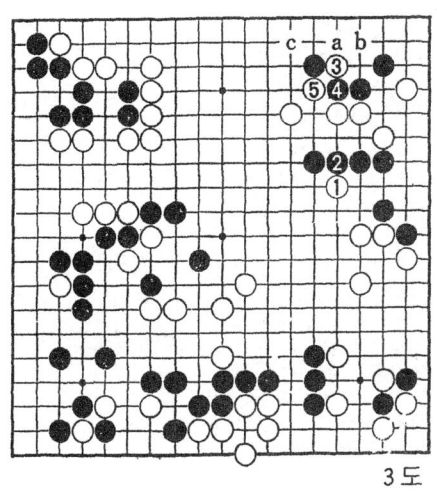

3 도

3 도 (정해)
백 1 의 엿봄이
가볍다. 다음에
3 으로 건너붙
인다.

흑 **4** 로 a 의
아래쪽 받음은
백 **4** 의 이음, 흑
b, 백 c 로 된다.

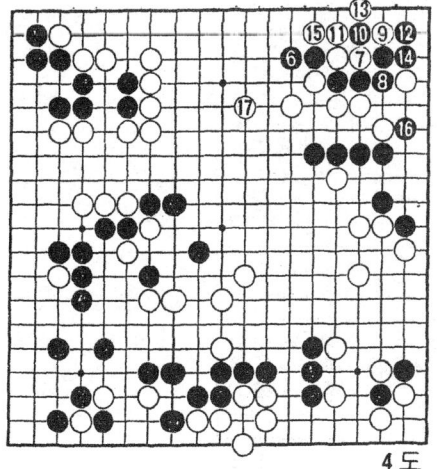

4 도

**4 도 (실전의
진행)** 흑 **6** 의
뻗음에서 **16** 까
지 건너간 결과
이다.

백 **17** 로 상변
을 크게 지켜서
백의 대성공이
다. 완전히 역
전이다.

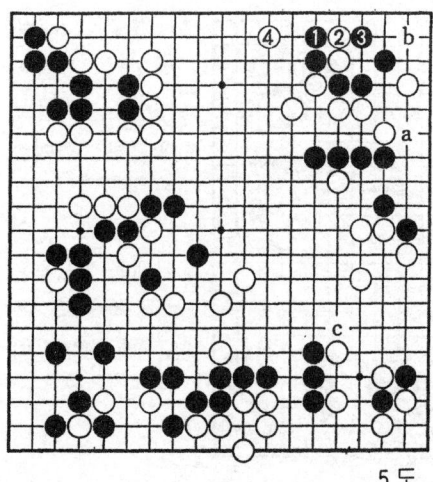

5 도

5 도 (공격이 남는다) 흑 1 의 내림에는 백 2 에서 4 로 봉쇄를 하여 백집을 만든다.

여기에서 백 a, b가 선수이다. 우변 흑이 엷다.

흑c의 젖힘이 있다.

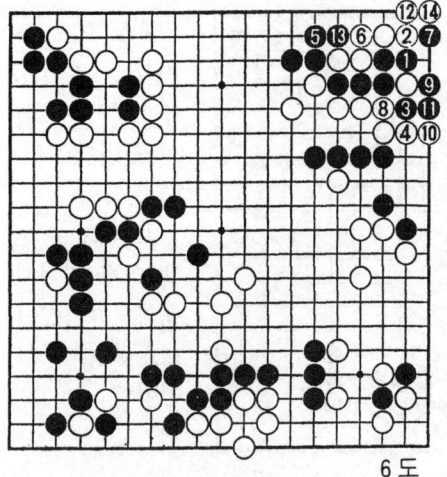

6 도

6 도(패는 불가) 4 도 흑 10으로 1 로 내리는 것은 이하 14까지 패가 필연이다.

우변의 흑을 공격하는 팻감이 있어 흑의 패는 불가이다.

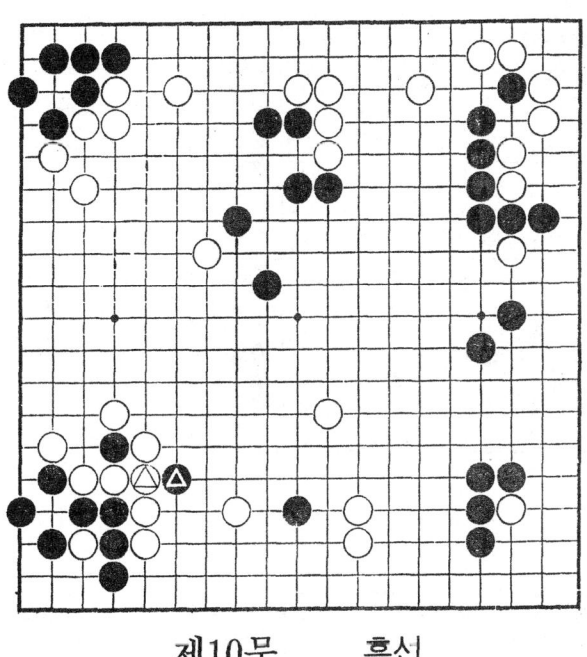

제10문　　흑선

결정짓는 감각

여기에서 흑●로 들여다 보아 백⊘표로 잇는 곳이다.

관련이 있는 촛점이 좌하 방면에 있다.

끝내기의 우세를 결정짓는 착안의 점은　어느 곳일까?

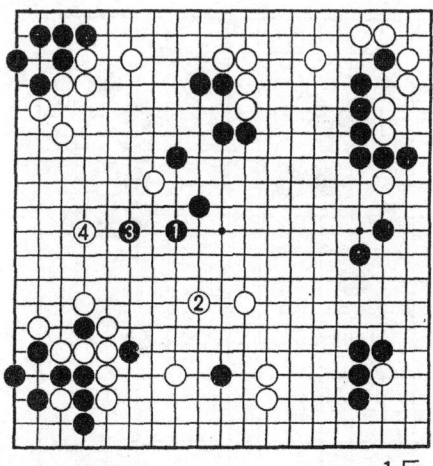

1 도

1 도 (난해한 끝내기) 흑 1 의 마늘모로 우세하게 움직인다.

백은 2 로 하변을 지킨다. 3 에는 백 4 로 지켜 역전의 위험이 증대된다.

2 도

2 도 (정해) 흑 1 로 뛰어 나오는 모양이 필연의 수이다.

여러 가지의 작전이 나타날 수 있는 곳으로 일단 흑 1 의 움직임이다.

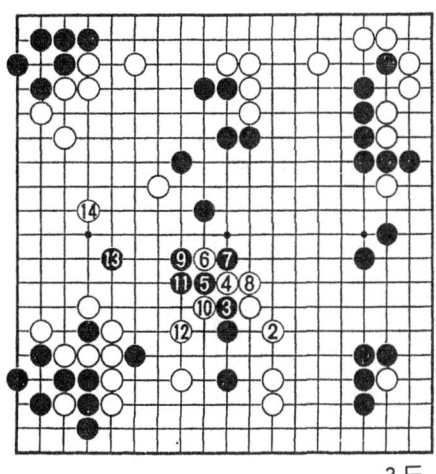

3 도

3 도 (실전의
진행) 백은 2
의 마늘모, 3 의
치받음, 4, 6 의
2 단 젖힘으로
저항한다.

흑 7, 9 가 간
명하다.

좌변은 13 까
지 크게 침입한
다.

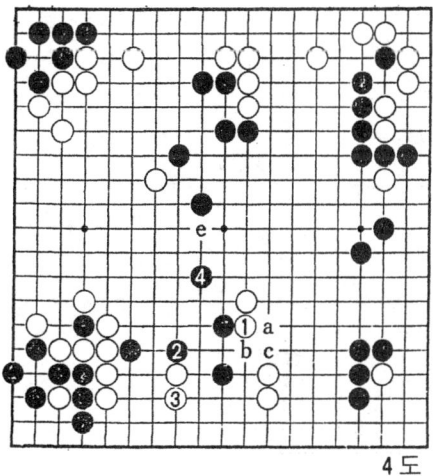

4 도

4 도 (가벼운
진출) 백 1 의
붙임에서 흑 2
의 날일자. 백
3 에는 4 가 가
벼운 날일자 진
출이다.

백 1 이 a 보
다 유리하다.

나중에 e 의
붙임이다.

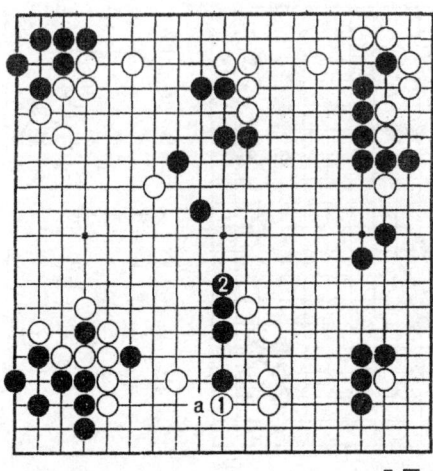

5 도

5 도 (젖힘이 남는다) 백 1 의 붙임에서 건너가는 수. 흑 2 다음에 a 의 삭감이 남는다.

실전이 백의 최선이다.

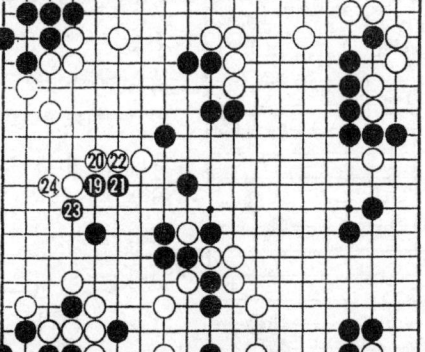

6 도

6 도 (실전의 진행) 3 도에 계속하여 흑 15 의 붙임. a 의 붙임으로 직접 사는 수로 움직인다.

백 16 으로 17 은 흑 16, 백 b, 흑 a 로 크게 산다.

백 16, 18 에서 25 까지 일단락이다.

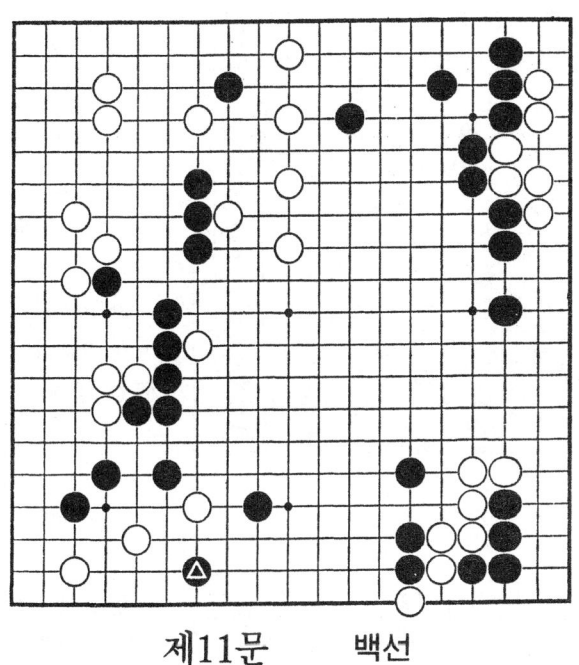

제11문   백선

승부수

여기에서 흑△표로 다가섰다.

어떤 생각이 있는 곳일까?

다음에 흑의 봉쇄가 안전하고 확실한   승세를
나타내게 한다.

형세판단이 착상의 기초이다.

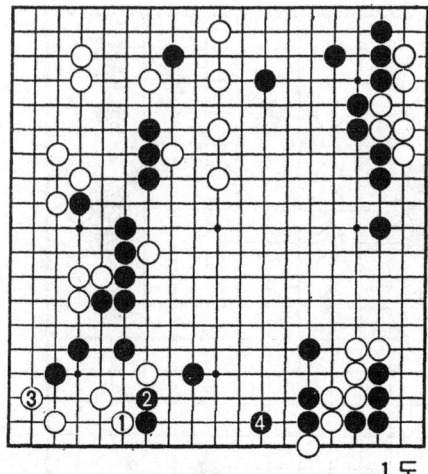

1도 (마늘모)
백1, 3으로 사
는 모양은 어떨
까? 흑은 4의
벌림으로 우하
의 백을 공격한
다.

하변에서 중
앙에 이르는 세
력이 크다.

1도

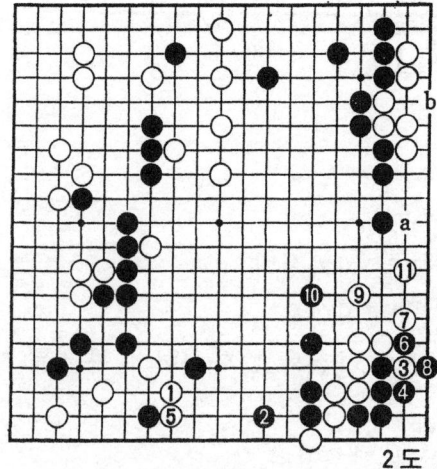

2도 (승부의
공방) 백1의
마늘모에 흑2,
이것이 좌우의
백을 공격하는
맞보기이다.

좌하귀를 백
5로 지키면 이
단계에는 흑a
에 백b로 산다.
이 진행이 유력
하다.

2도

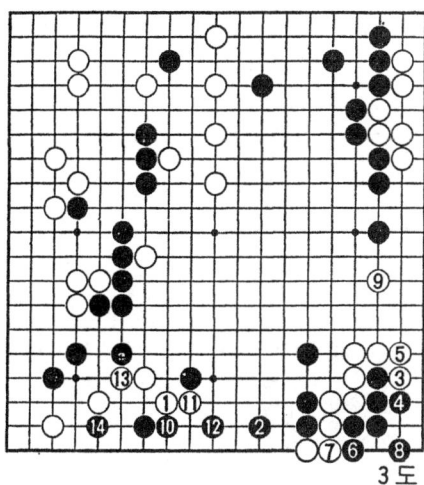

3 도 (위험)

흑 2로 두면 3 이하 9 까지 우변을 산다. 흑 10에서 12 까지 된 다음 14의 붙임 수로 좌하귀가 위험하다.

3 도

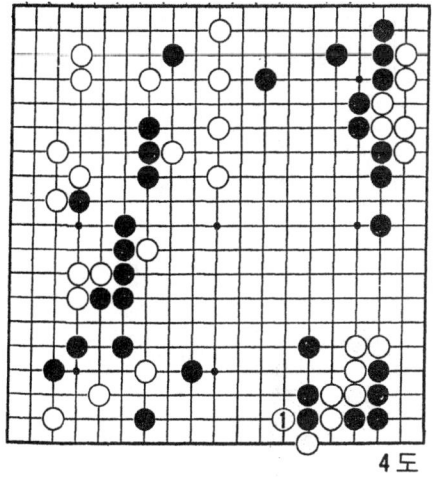

4 도 (정해)

백 1의 젖힘이다. 우하의 일단은 확실히 사는 수이다.

흑 3점을 반대로 공격하는 수이다. 기자쟁선(棄子爭先)의 견본이다.

4 도

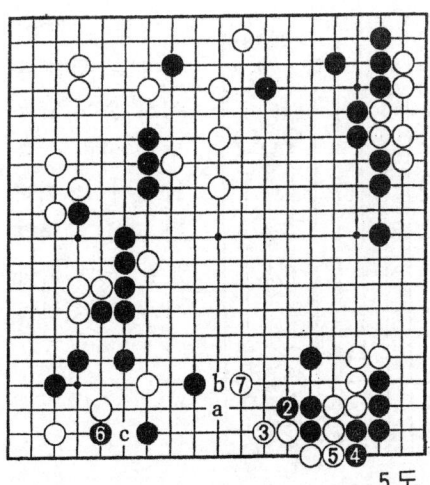

5 도 (실전의 진행) 흑은 2, 4의 누름 다음에 귀에 사는 모양을 약속한다. 6으로 붙여오면 7로 봉쇄를 한다. 백a, 흑b, 백c로 귀를 산다.

우하의 백은 안전하다.

5 도

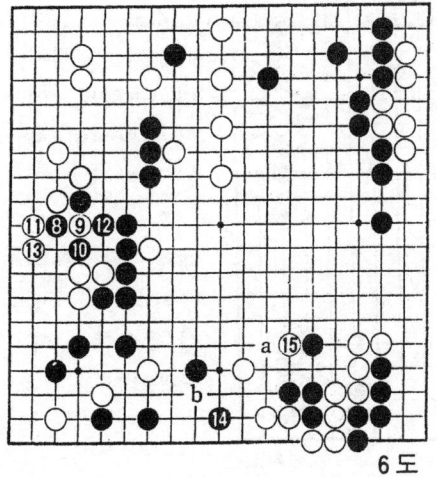

6 도 (실전의 진행) 흑8의 젖힘 다음으로 14의 날일자까지―·흑15는 악수이다.

a의 마늘모에는 b의 붙임이 함축성있는 수이다.

6 도

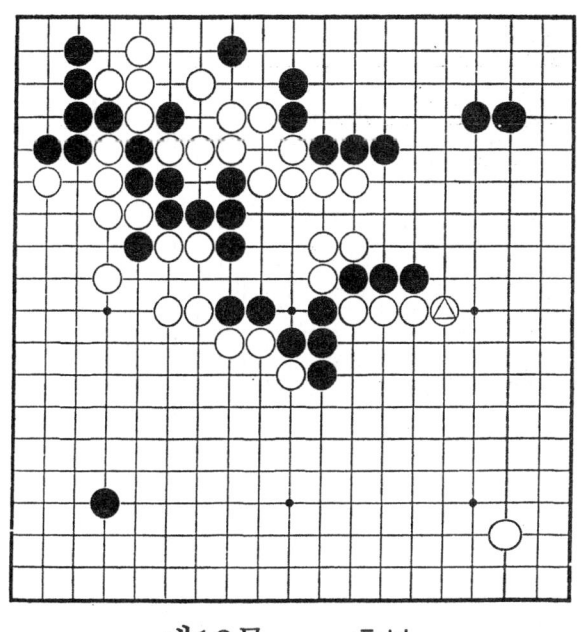

제12문　　　흑선

기로

백이 ⓐ 로 뻗어나온 모양이다.

다음의 흑이 두는 변화는 어디일까?

승세를 확립시키는 큰 변화가 필요하다.

실리는 흑이 우위에 있다. 중앙의 전투가 관건
이 된다.　제1의적인 생각은 어디일까?

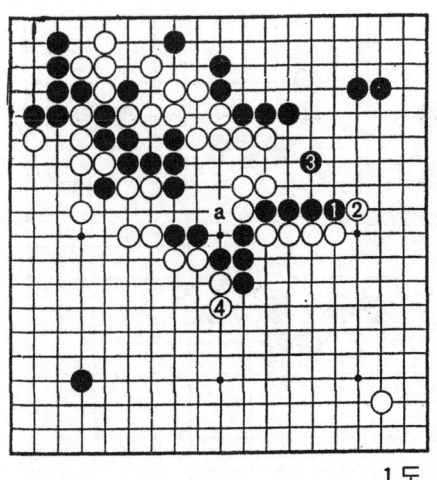

1 도

1 도 (난전)
혹 1 , 3 으로 도
망하여 나간다.
　백 a 로 　두어
상변 일단이 산
다.
　백 4 로 　늘어
서 전투가 계속
된다.

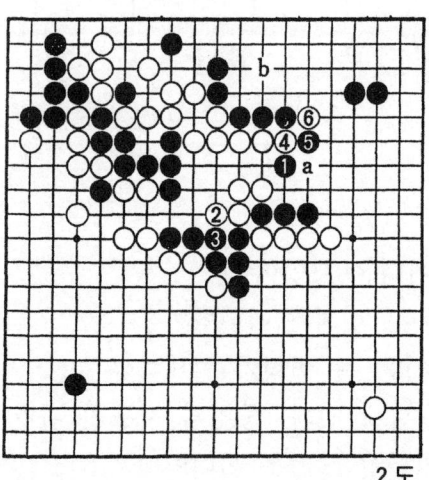

2 도

2 도 (맛이 나
쁘다) 　혹 1 의
한칸은 백의 　2
집나는 것을 위
협하는 수인가.
백 4 , 6 으로 상
변의 맛이 나쁘
다.

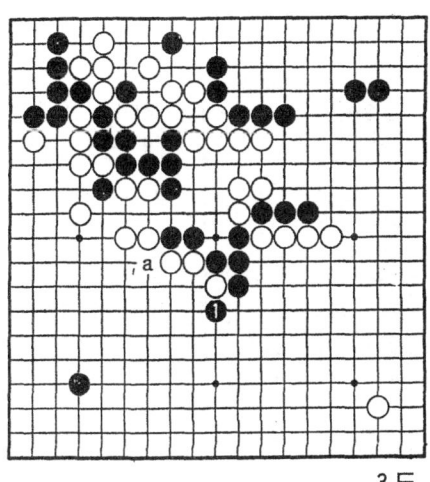

3 도

3 도 (정해)
흑 1 의 젖힘으
로 대마의 안정
을 취한다. 승
세를 구축하는
길이다. 3 점을
사석으로 이용
하는 수이다.

축이 유리하
다면 a 의 끊음
도 있다.

4 도

4 도 (실전의
진행) 백이 2
의 곳을 두면 이
하 흑11까지 알
기쉬운 국면이
다.

흑 11 로는 a,
백 11, 흑 b 로
우세이다.

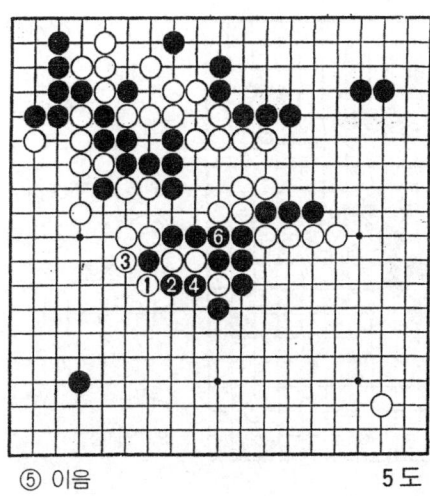

⑤ 이음   5 도

5 도 (선수안심) 백 1 의 단수에는 흑 2, 4 의 끊음으로 사는 모양이다.

흑 6 의 이음, 우변과 좌변이 맞보기이다.

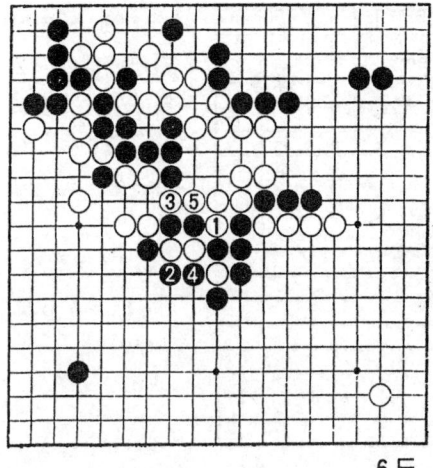

6 도

6 도 (귀갑) 백 1 의 끊음에는 흑 2, 4 로 되어서 흑의 주문에 걸린다.

백은 흑의 8 점을 잡지만 흑의 대우세이다.

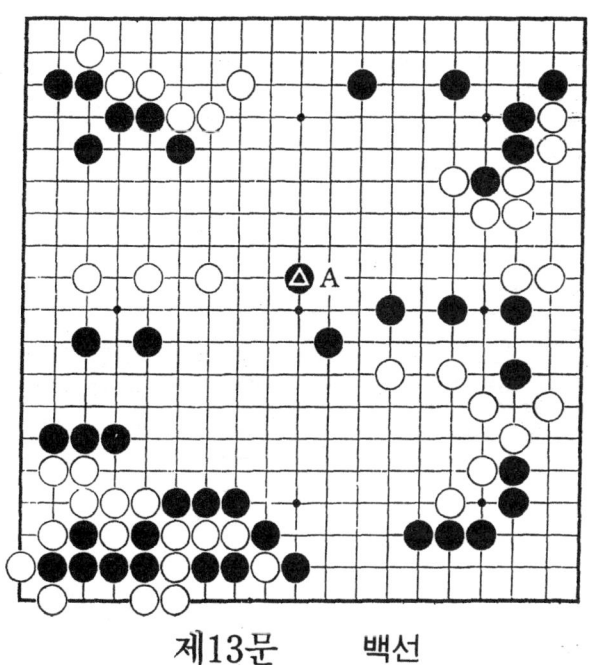

제13문   백선

붙이는 수

여기에서 흑이 ⬤ 로 지켰다.

견고하게 움직였다.

이 바둑에서는 백이 좌하귀에서 실패를 하였다.

흑세를 방지하는 점은 어느 곳일까?

급한 곳은 어딜까?

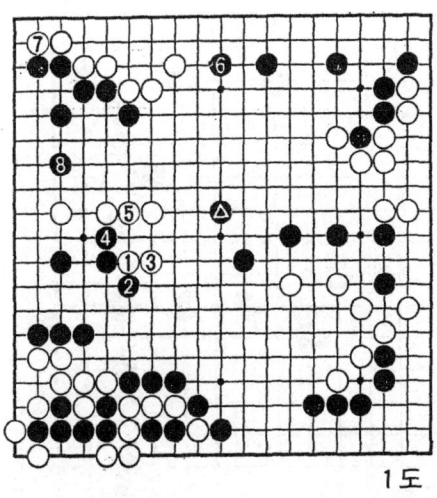

1 도

1 도 (완패)
좌변의 백은 다소 위험하다. 1, 3 으로 보충을 하여도 무기력하다. 흑 6, 8 로 큰곳을 지켜 완패의 케이스.
흑△가 공격하여 백의 움직임을 저지한다.

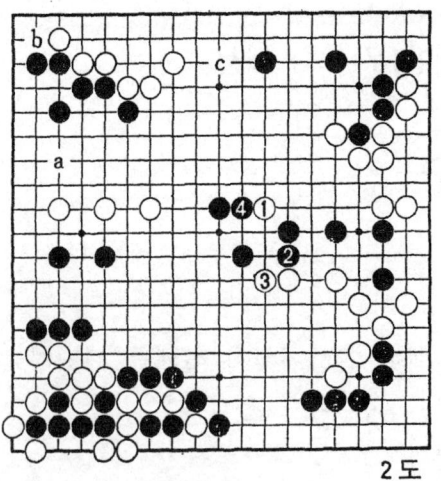

2 도

2 도 (맥인가?) 백 1 로 다가서는 것은 어떨까?
이것은 흑 4 까지 좋은 모양이 된다.
백 a, 흑 b, 백 c 의 끝내기가 남아있는 곳이다.

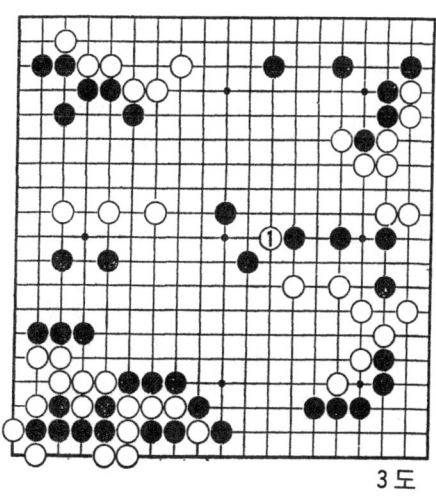

3 도

3 도 (정해)
백 1의 붙임이
흑의 엷은 모양
을 찌르는 좋은
수이다.

　이런 의외의
생각이 좋은 효
과를 남기기도
한다.

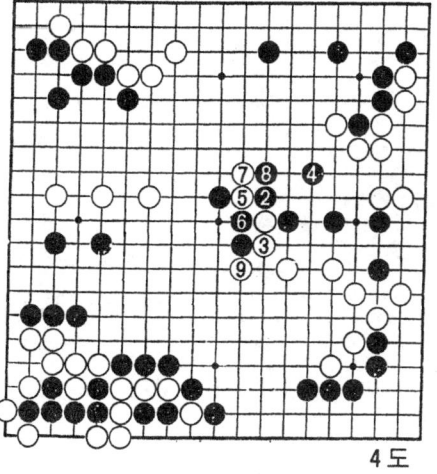

4 도

4 도 (실전의
진행) 흑 2의
바깥쪽 젖힘에
서 4의 날일자
는 고심의 응수
이다.

　백 9 까지 전
투의 주도권이
백에게 넘어 온
다.

108

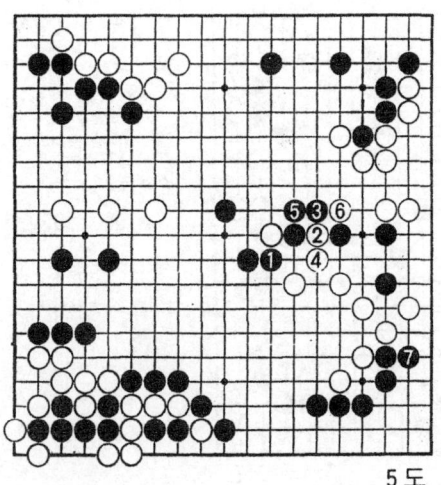

5 도

5 도 (사석)
흑 1 로 차단을
하면 어떨까?

백 2 의 끼움
다음에 백 6 으
로 3 점을 잡는
다.

흑은 7 로 최
대의 끝내기를
하는데, 흑은 형
세판단의 착오
를 범하고 있다.

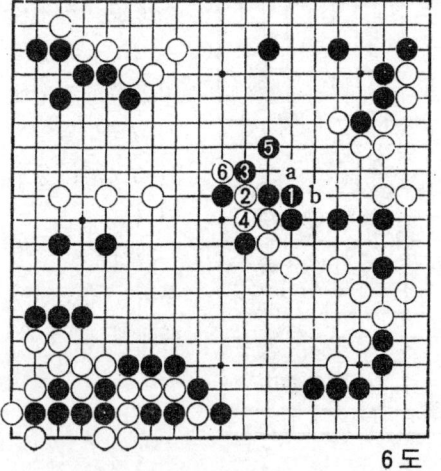

6 도

6 도 (중앙이
두텁다) **4 도**
흑 4 로 1 의 곳
이음은 견실하
다.

백은 2, 4 다
음 6 의 끊음이
있다. 흑 1 로 a
는 b 의 노림이
있다.

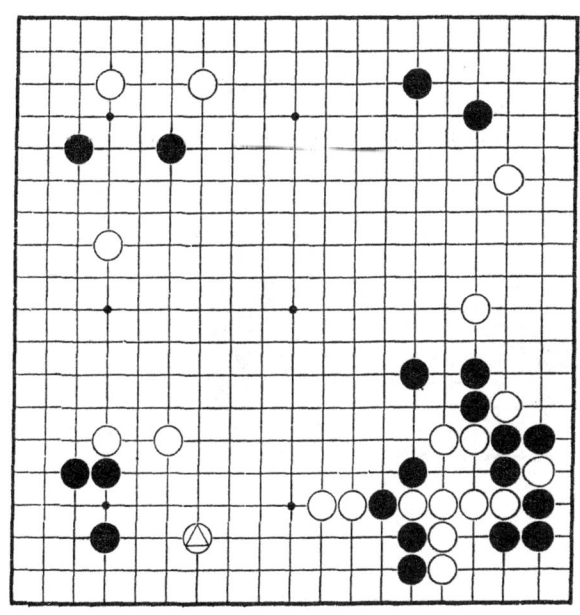

제14문　　　흑선

엷음을 부딪힘

백이 △ 표로 두어온 장면이다.

백은 날렵하고 흑은 두텁다.

흑세 준동의 시기는?

이 국면을 살펴보면 한 눈에 백이 엷음을 알 수 있다. 수순에 과욕없는 수법이 필요하다.

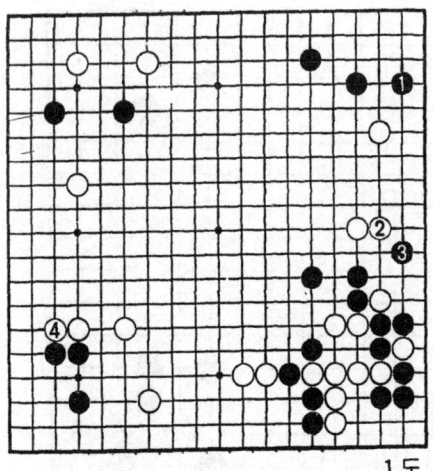

1 도

1 도 (늦다)

흑 1 로 귀를 지키는 수가 견고하다.

다음에 상용의 수법은? 백 2 가 견고하다.

흑 3 이 적절한 조치이다. 백 4 의 내림은 발이 늦다.

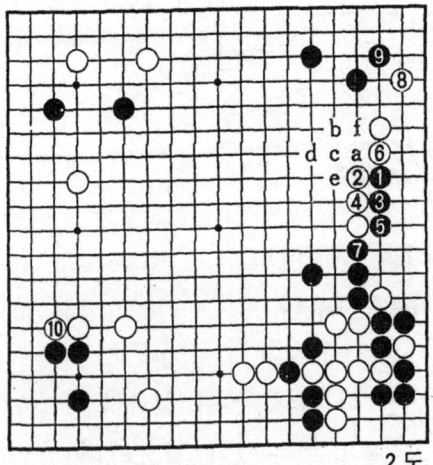

2 도

2 도 (침입)

제 1 감은 흑 1 의 침입이다.

백 2 의 붙임에는 이하 7 까지 — · 외길의 진행이다.

흑 a 의 끊음에는 f 까지 위력이 있다.

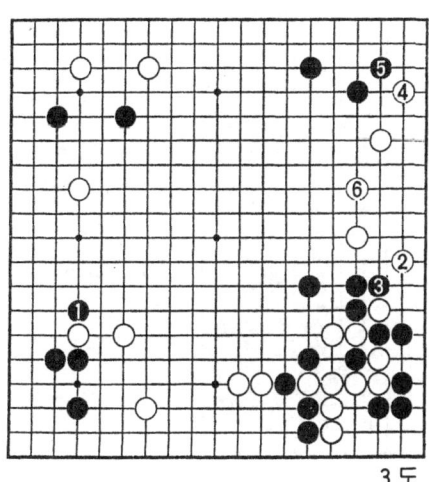

3 도 (모양)
흑 1 로 좌변을
선행하는 것은
백 2 이하 6 까
지 모양이다. 전
국적인 바둑의
주도권을 잡는
다.

3 도

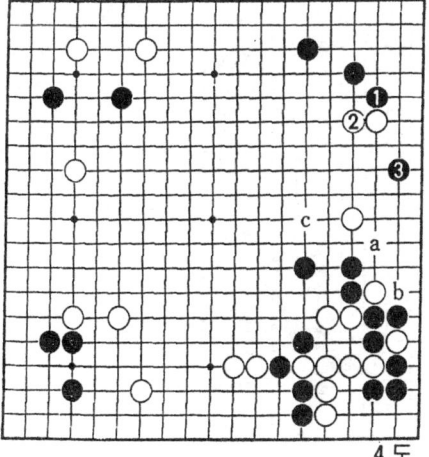

4 도 (정해)
흑 1 의 마늘모
는 귀를 지키는
수이다.
다음 3 으로
2 선의 침입이
좋은 수이다. 백
2 로 a 는 흑 2
의 젖힘, 백 b
에는 흑 c 로 위
를 공격한다.

4 도

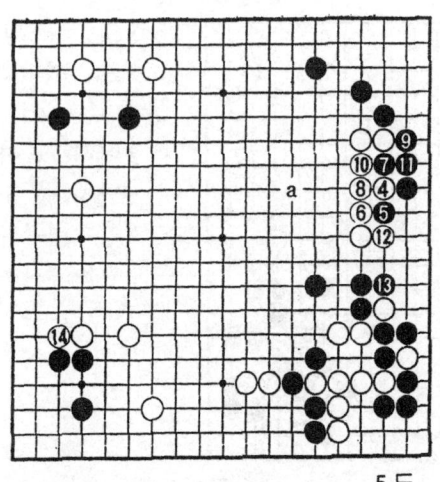

5도 (실전의 진행) 백은 **4**의 붙임, 이것은 선수로 취하는 대항책이다. 백은 상당히 두터운 모양이다.

나중에 혹a의 공격이 남는다.

5 도

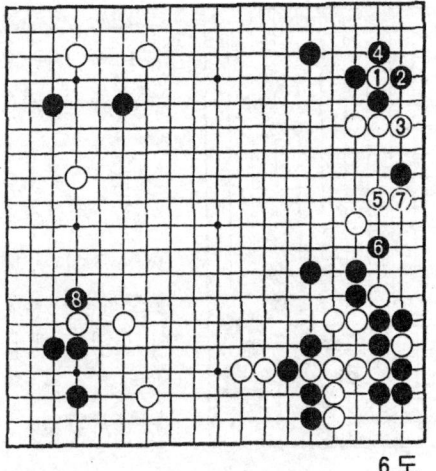

6도 (변화) 백1에 혹2, 4로 만족을 한다.

다음에 **8**의 붙임까지의 국면이다.

6 도

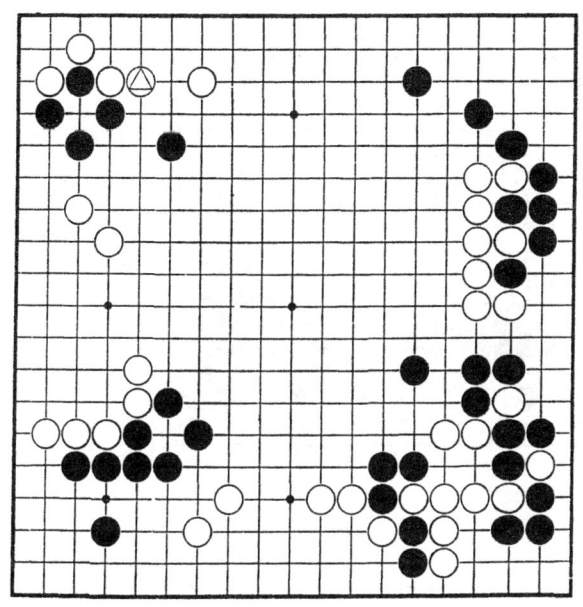

제15문   흑선

붙이는 수의 발견

전도의 다음에 20여수가 진행이 되었다.

백이 ◎로 뻗은 모양이다.

전국적으로 흑이 두텁고 백은 실리를 차지하고 있다. 형세의 차이가 미묘한데 다음에 착안의 한 수는 어느 곳일까?

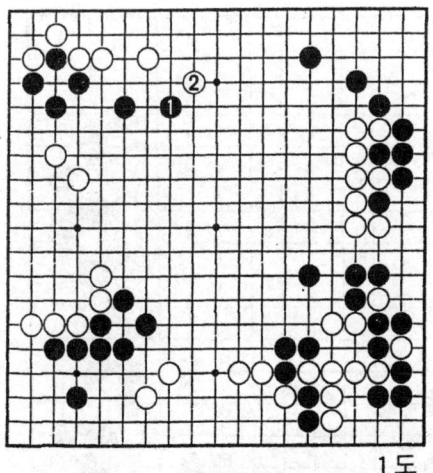

1도 (달림)
좌상의 일단이
불안하다. 그래
서 흑1의 한칸
인데 백2로 추
격하여 상변을
개척한다.

1도

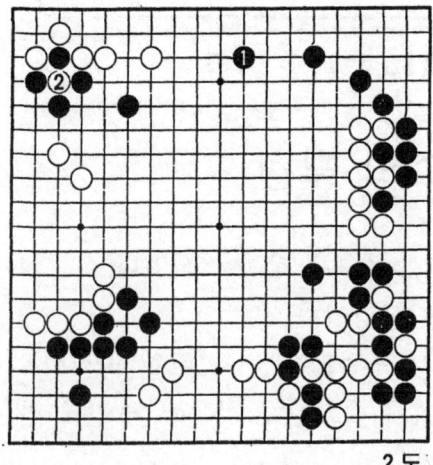

2도(집의 승
부) 흑1의 벌
림. 전국적인 두
터운 수이다.
 엷은 곳을 부
딪혀 백도 십분.
좋은 곳이다.

2도

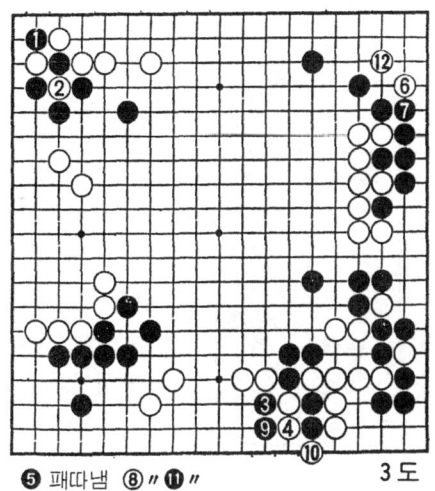

5 패따냄 **8** 〃 **⓫** 〃　　　　　　3 도

3 도 (팻감은?) 흑1로 끊어서 단기결정이다. 그래서 흑3 이하로 팻감을 필요로 한다.

팻감은 반드시 흑이 유리하지만은 않다.

지금 패를 쏨은 시기 상조.

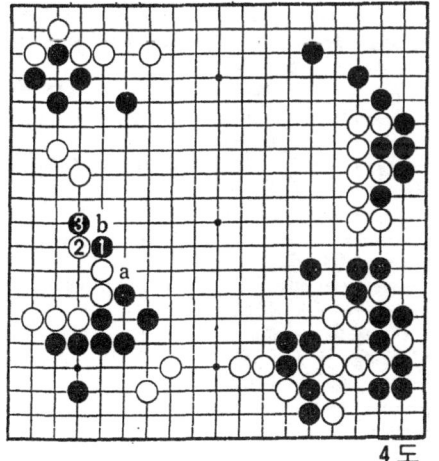

4 도

4 도 (정해) 흑1의 코붙임으로 백의 엷음을 공격한다.

백2로 a의 나감은 흑b로 방해하여 철저하게 싸운다.

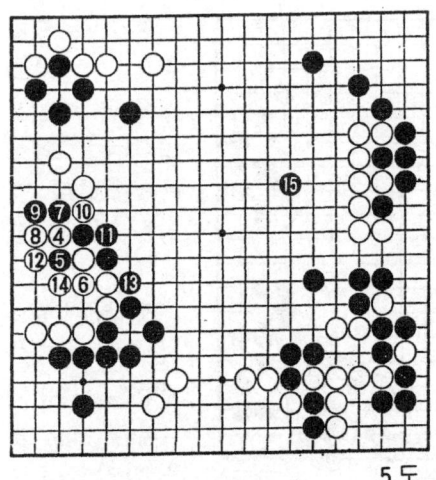

5 도

5 도 (실전의 진행) 백은 **4**의 2단젖힘으로 반발을 한다. 흑 5 이하 15까지 두터움을 구축한다. 흑15로 우변을 전회하면 중앙에 세력이 형성된다.

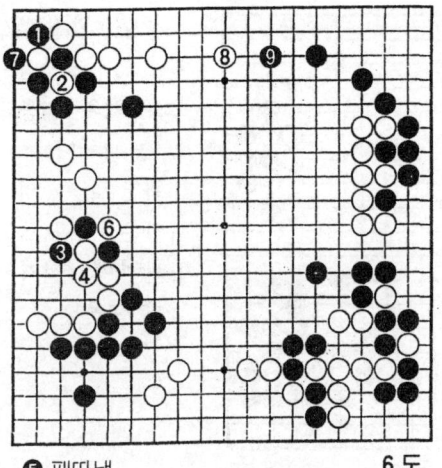

❺ 패따냄   6 도

6 도 (최강) 전도의 흑 5 로 **1**의 곳 끊음이 있다. 백은 **6**의 끊음에서 **8** 까지―·그러면 **9**로 벌려서 완승 페이스이다.

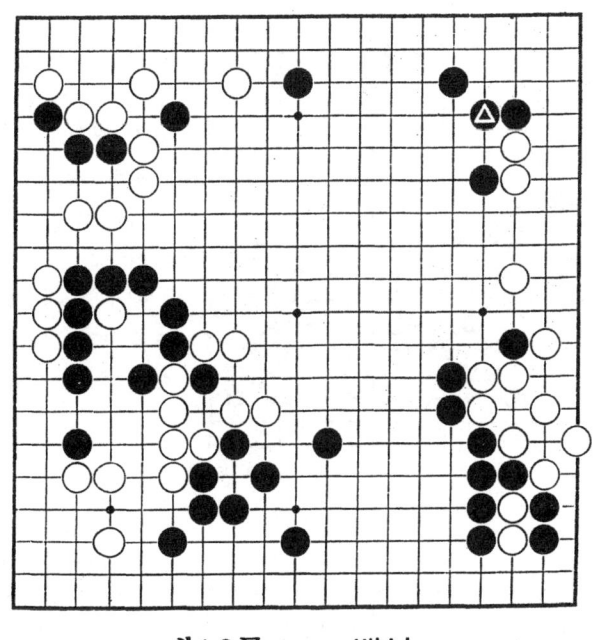

제16문   백선

착안점

혹이 ⚠ 표로 올라선 장면이다.

현재의 집모양의 균형을 생각해 볼 필요가 있
다.

상변에는 혹의 약한 돌이 있다.

이곳에서의 착안점은 어느 곳일까?

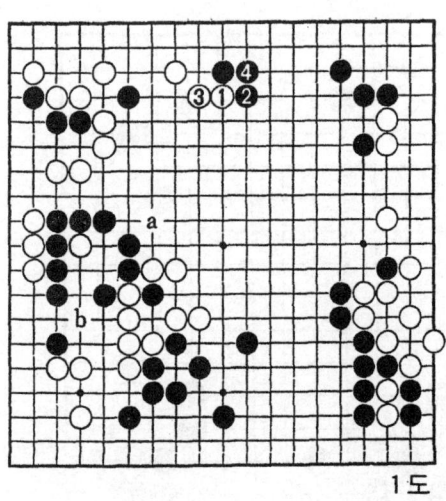

1도

1도 (견고)
좌변의 흑은 2집이 확보되어 있지 않다. 백a에는 흑b로 살아야 하는 곳이다.
백1, 3에 흑4로 견고하게 잇는다.

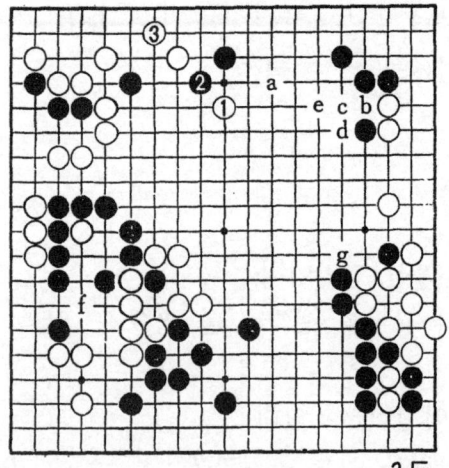

2도

2도 (정해)
백1의 모자 씌움. 이 다음에 상변과 좌변을 맞보기로 한다.
흑a에는 백b, 흑c, 백d, 흑e로 될 자리이다.
다음은 백f로 일단을 공격한 다음에 8로 젖힌다.

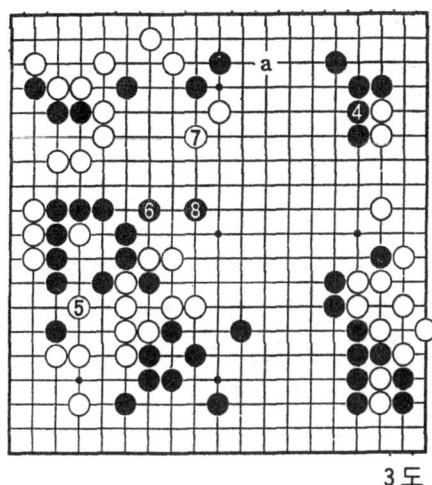

3 도

3 도 (실전 진행) 흑이 **4** 의 곳을 이으면 백은 **5** 의 곳을 두어 공격을 한다.

백 **8** 로는 상변 a의 수비도 있다.

다음 도에 결정타가 숨어 있다.

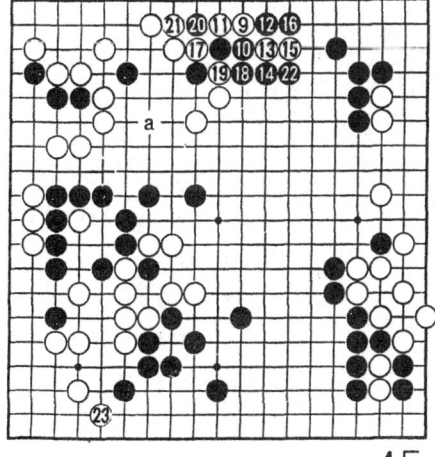

4 도

4 도 (실전 진행) 백 **9** 의 치중. 여기에서 흑**22**까지 — · 흑**12**로 **13**은 백**12**로 늘어 흑**16**, 백 a로 실전과는 큰 차이가 난다.

120

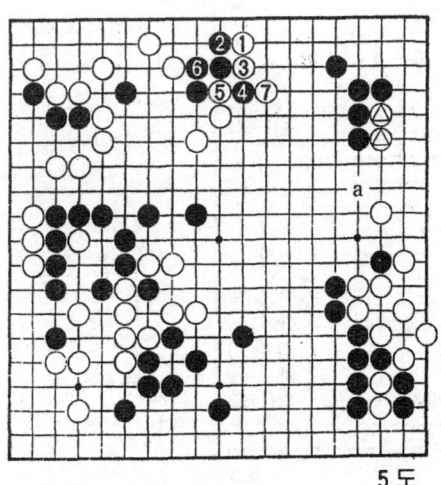

5 도

5 도(2점 사
석) 흑 2의 차
단. 백 3 이하
7 까지—·흑
a 다음 백△
2점을 취함은
백이 유리하다.
흑 2는 문제외
이다.

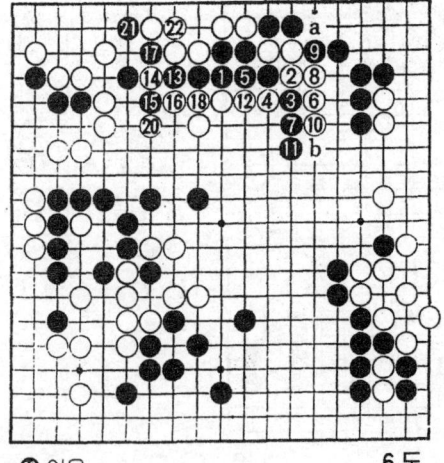

❶⑨ 이음

6 도

6 도 (변화)
4 도 흑18로 1
의 방향은 백은
2 로 움직여 나
온다. a의 젖힘
을 방지하는 수
이다. 백은 6
, 8 로 다음에
백이 b로 나올
여지가 있다.

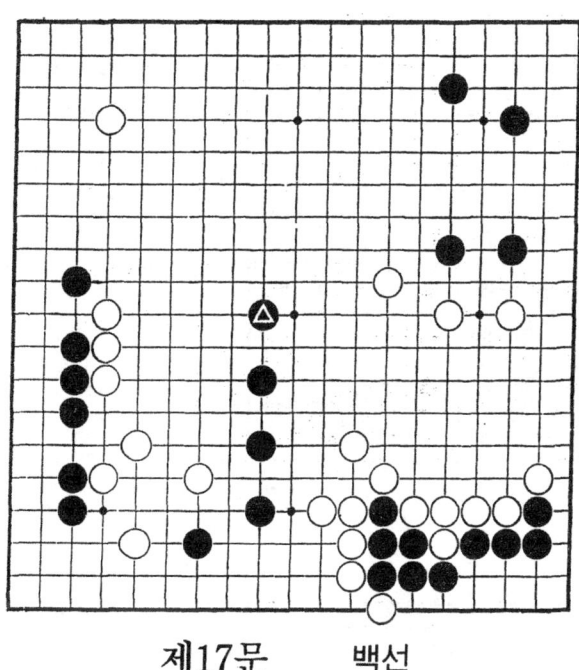

제17문   백선

힘의 구현

흑이 ▲ 로 뛰어나온 장면이다.

흑의 실리와 백의 두터움이 대항을 하고 있다.

두터움이 강력한 힘을 나타낸다.

흑을 공격하는 다음의 한 수는?

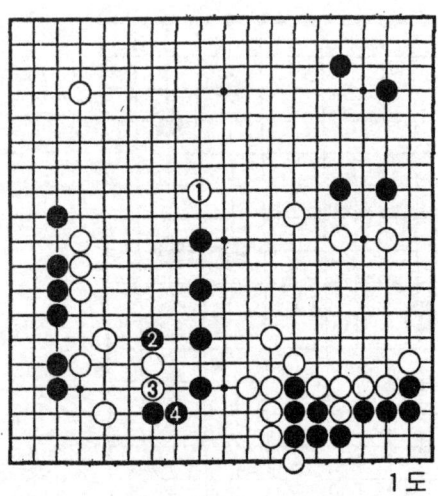

1도 (공격)
백1의 모자 씌
움이 제1감이
다. 흑은 2, 4
로 모양을 정비
한다. 상변에 영
향력이 있는 기
미가 없다.

1도

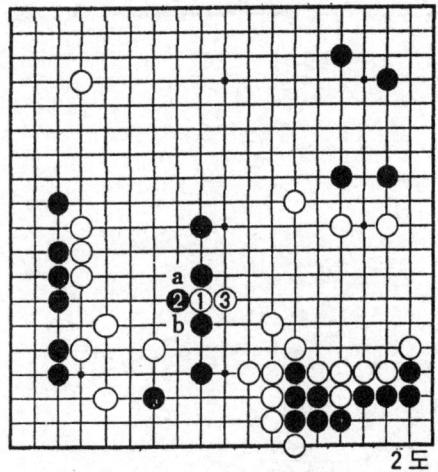

2도 (정해)
백1의 끼움으
로 조화있는 모
양이다. 흑2로
된 모양에서 현
재 a와 b가 맞
보기이다.

2도

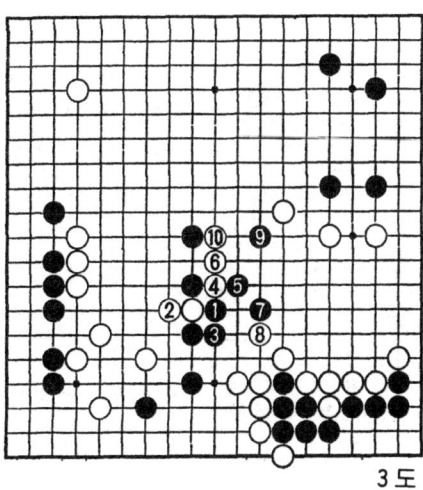

3 도

3 도 (역단수) 흑 1 로 단수하는 것이 고심의 일착이다.

백 4 에는 5, 7 로 공격을 한다.

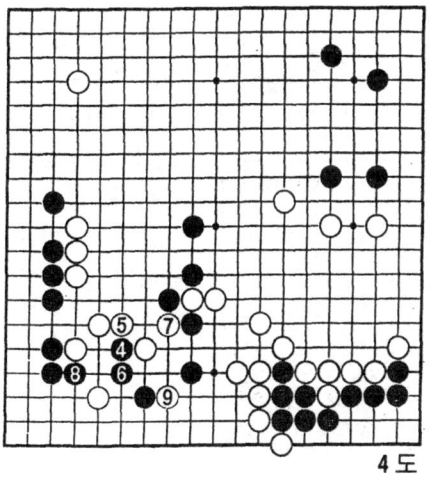

4 도

4 도 (실전의 진행) 흑 4 의 붙임이 묘착이다.

그래서 5 다음 6 의 곳으로 뻗는다. 중앙의 흑 3 점을 공격하여 백이 즐거운 바둑이다.

백의 성공이다.

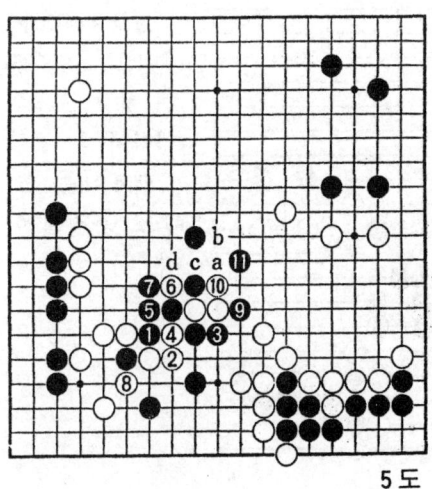

5 도

5도(흑의 최선) 전도 흑 6으로 1의 곳을 두는 것은 백 2로 뻗어서 무리이다.

흑 9, 11은 맞보기. 백 a, 흑 b, 백 c, 흑 d 이하의 천하패로 백이 부담이 간다.

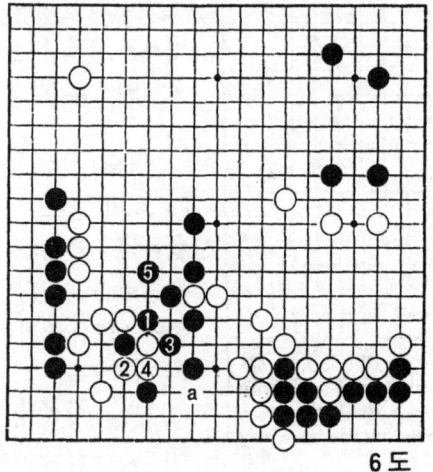

6 도

6도(쌍방 최선) 흑 1의 끊음은 백 2, 흑 3, 5로 모양을 갖춘다.

a의 건너감이 남아있는 곳이다.

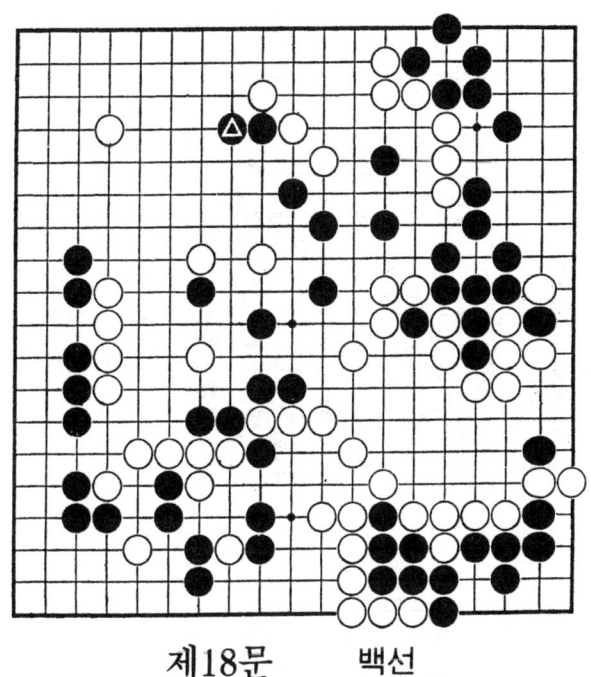

제18문　　백선

기세

전제의 수순에서 중반의 후기이다.

흑이 ▲로 느는 모양이다.

흑 모양은 엷다. 연속적으로 엷은 흑을 추구하여야 한다.

철저한 추구는?

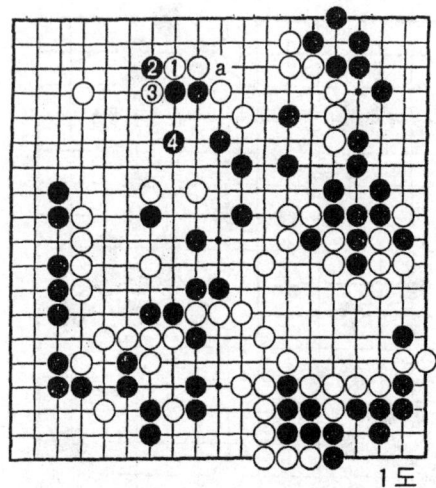

1도 (조화)

백1로 늘어두면 흑2의 젖힘은 조화다.

백3의 끊음엔 흑4로 정형이다. 백은 a로 두지 않는다. 중앙의 흑이 서서히 움직인다.

1도

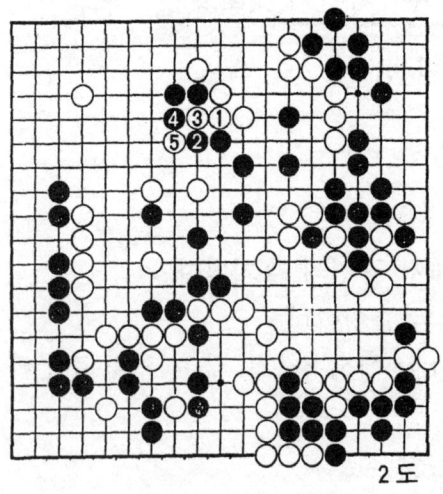

2도 (정해)

백1의 빈삼각, 다음에 3, 5의 끊음이 강인하다. 기합으로 결정하는 강수이다.

2도

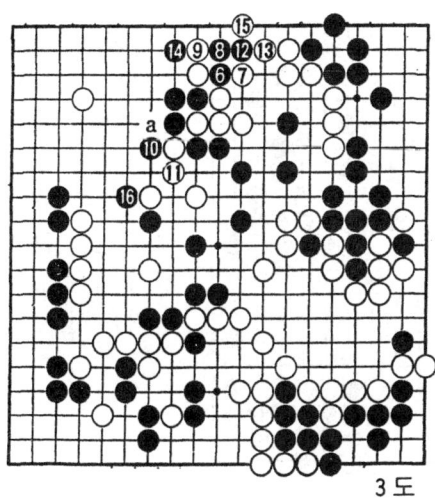

3 도

3 도 (실전의 진행) 흑은 6 의 끊음에서 이 하 15까지 된다. 흑14다음 16의 젖힘까지─·

a로 끊겨선 흑이 나쁘다.

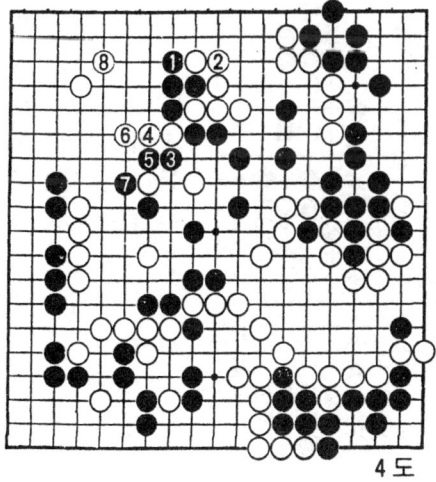

4 도

4 도 (불가) 선도 흑6으로 1 의 곳 내려섬 은 백2 다음에 3, 5로 나간다. 중앙엔 10집이 난다. 백8 의 마늘모가 큰 수 이다. 흑의 부 담이다.

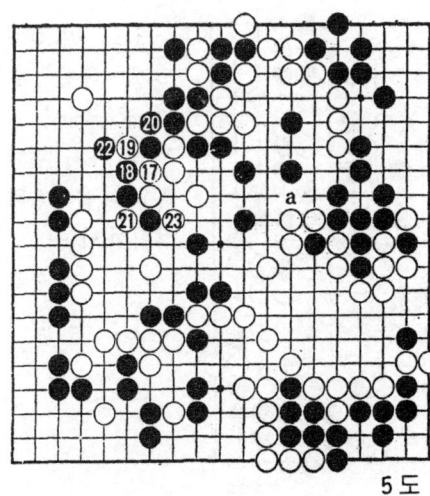

5 도

5 도 (실전의 진행) 백17의 빈삼각이 제 2 의 결정수.

백23의 단수에 중앙이 엷다. 결국 흑은 a 로 연락을 한다.

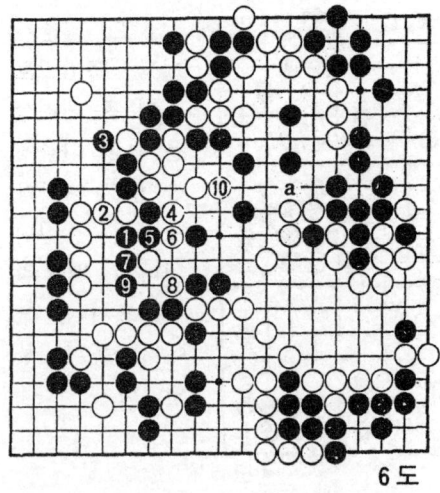

6 도

6 도 (한수 빠름) 전도의 흑 22로 본도의 흑 1 의 단수로 두는 것은 백 4 이하 8 까지 절단을 당한다. 10 까지 한 수 빠르다.

나중에 흑 a 의 연락이 필요하다.

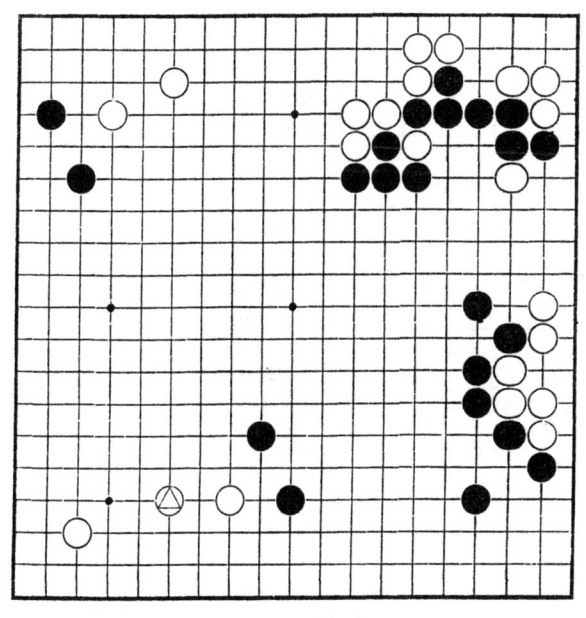

제19문   흑선

수습인가 큰곳인가

백이 △로 지켰다.

백은 여러곳에 실리, 흑은 우하에서 중앙에 이르기까지 세력을 구축해 놓고 있다.

다음의 한 수가 이후의 변화에 영향을 미친다.

어느곳일까?

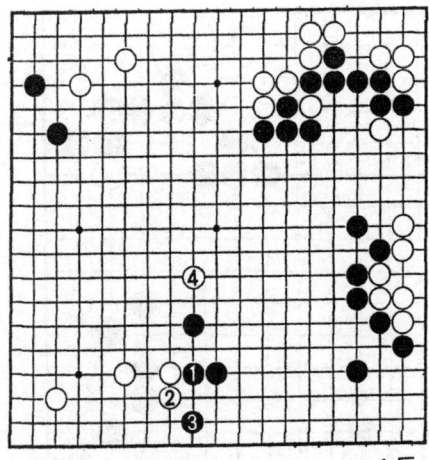

1 도

1 도(실리 전향) 흑1, 3 은 하변을 지키는 수이다. 백은 4 로 중앙을 삭감한다.

이것은 백의 페이스로 불만이다.

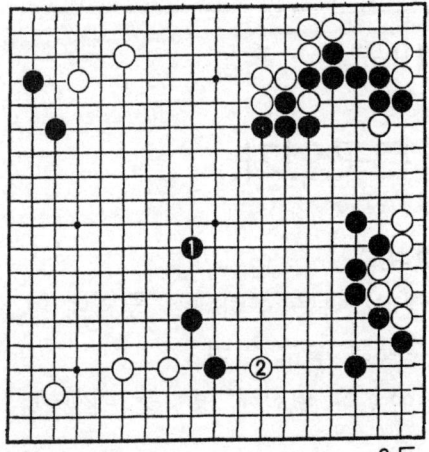

2 도

2 도 (정해) 흑1로 뛰는 것이 넓고 큰 수이다.

여기에서 백의 실리 페이스이다.

당연히 백 2 로 돌입을 한다.

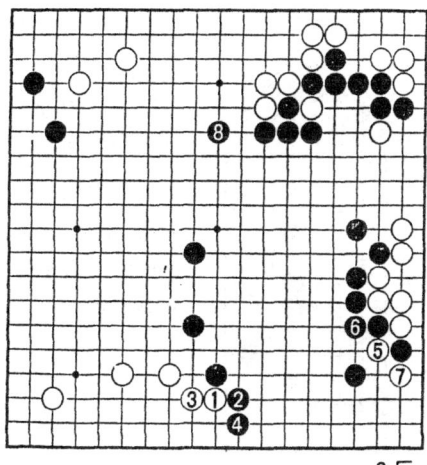

3 도(집이 거대하다) 백 1, 3으로 붙여 뻗으면 4로 그냥 내린다.

혹 8 까지 된 모양에서 60여 집의 확정지가 생긴다.

3 도

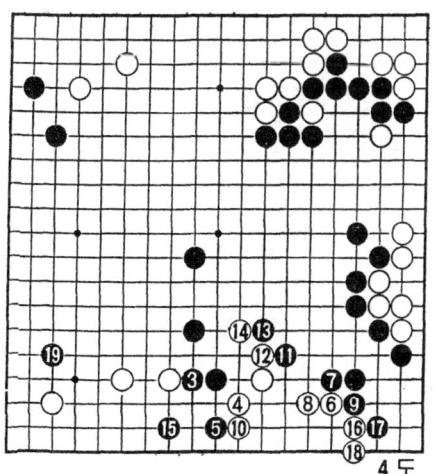

4 도 (실전의 진행) 혹 3으로 공격하는 것은 백 4 이하 10까지 모양이다.

이후 혹 19가 강렬하다.

4 도

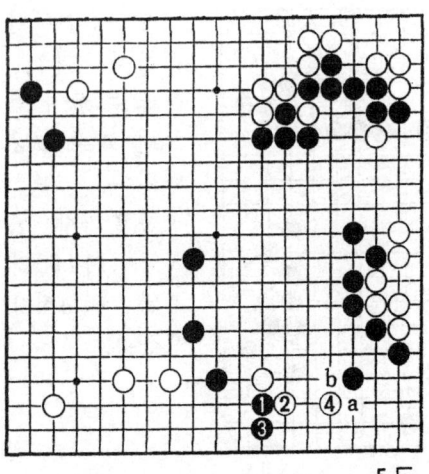

5 도 (기합)
혹1, 3의 붙여
내림은 기합이
다. 백2에 혹
3, 다음에 백
4의 한칸. 혹
a에는 백b로
올라선다.

5 도

6 도(중간 공
격) 혹1의 철
주는 백2로 되
어 중앙을 공격
하게 된다.
　결국은 쓸모
없는 눈이다.

6 도

제3장

종반에 결정한다

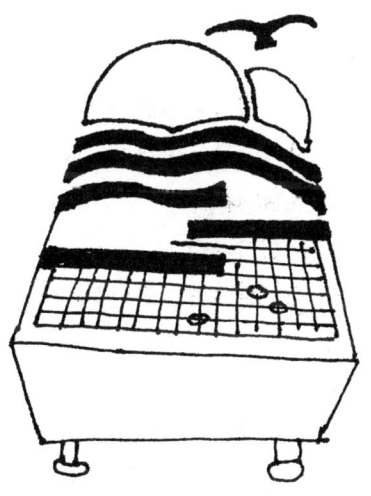

종반에서는 형세판단의 비중이 높다.

우세의 장면이나, 비세의 장면에서 두는 방법을 나타내었다.

우세에는 2가지의 길이 있다.

하나는 강경책이고, 하나는 지키는 견실책이다.

종반에는 끝내기의 힘이 필요하다.

초반에서의 생각의 결론이나, 사활의 모양, 집의 대소, 복잡함을 지나야만 기력이 연마될 것이다.

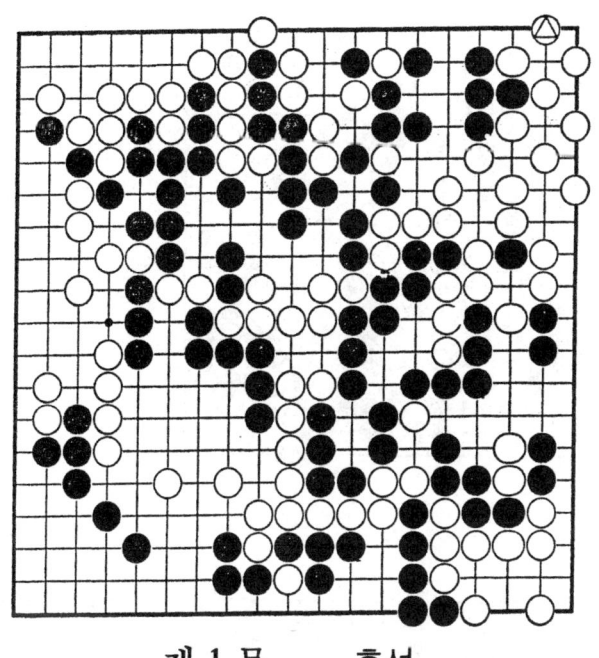

제 1 문   흑선

승부의 곳

백 △ 로 때려낸 모양이다.

큰 끝내기가 마무리가 된 모양이다. 백의 2집을 추구하는 묘수 끝내기의 맥이다.

세기가 필요한 곳이다.

자, 어디서부터 두어야 할까?

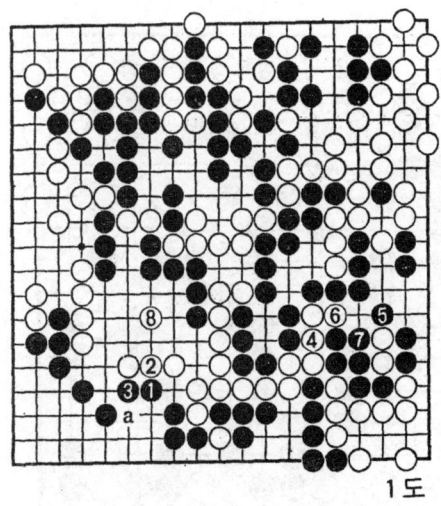

1 도

1 도 (불명)
흑 1 의 들여다
봄에서 3 으로
늘기까지— ·
백 8 의 점이
큰 수이기는 하
다.

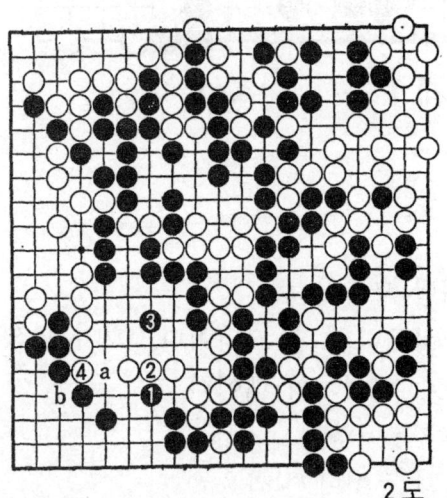

2 도

2 도 (부작용)
흑 1 에 백 2 다
음에 3 으로 선
행을 한다.
흑 a 에서 절
단은 중앙의 백
대마가 죽는다.
백 4 의 연락
은 불가피하다.

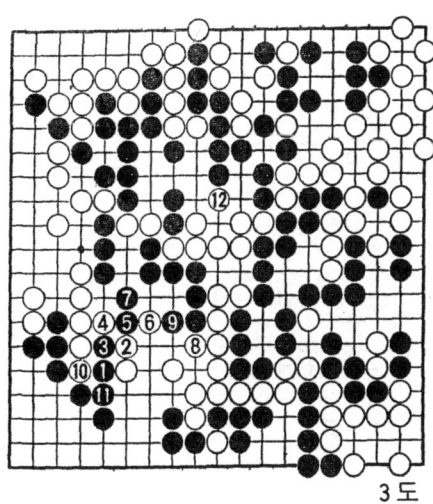

3도

3도 (끊음) 혹1의 절단에 서 12까지 — ·끝내기 단계 에서 2집은 크 다. 흑집이 증 가를 한다. 득 이다.

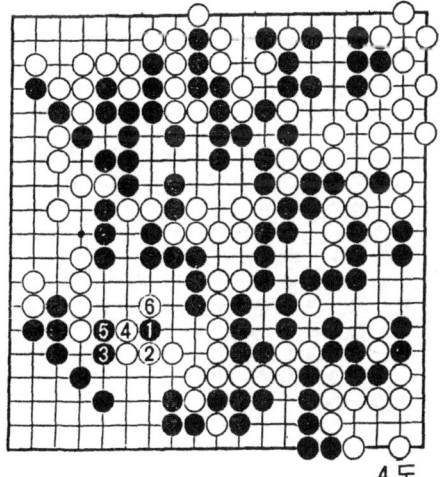

4도

4도 (손해) 혹1로 붙여 3 의 절단이 있다. 이것이 맥이 다.

초반에는 포 석, 중반에는 돌의 움직임, 종 반에는 손득으 로 바꿔야 한다.

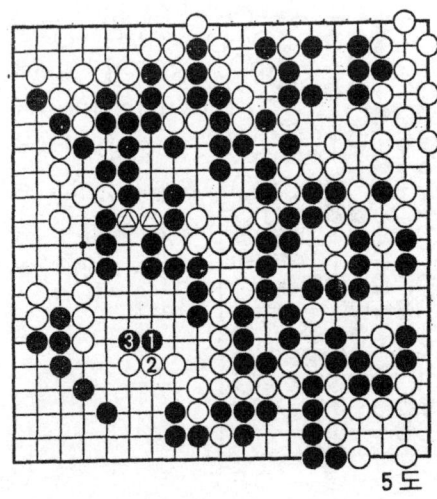

5 도

5 도 (정해)
흑 1 에서 3 까
지가 최선이다.
이것은 백 ⊘
를 근간으로 하
여 집을 만들려
는 동작이다.

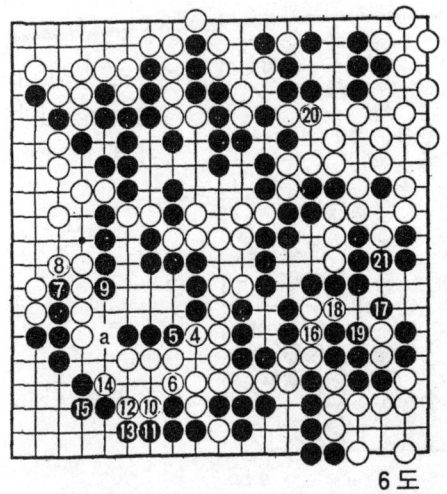

6 도

6 도 (실전의
진행) 백은 **4**,
6 다음에 **14**까
지 사는 모양을
갖춘다. 이하 **21**
까지 순번에 따
라 끝내기를 하
여 흑의 2 집반
이 결정이 되었
다.

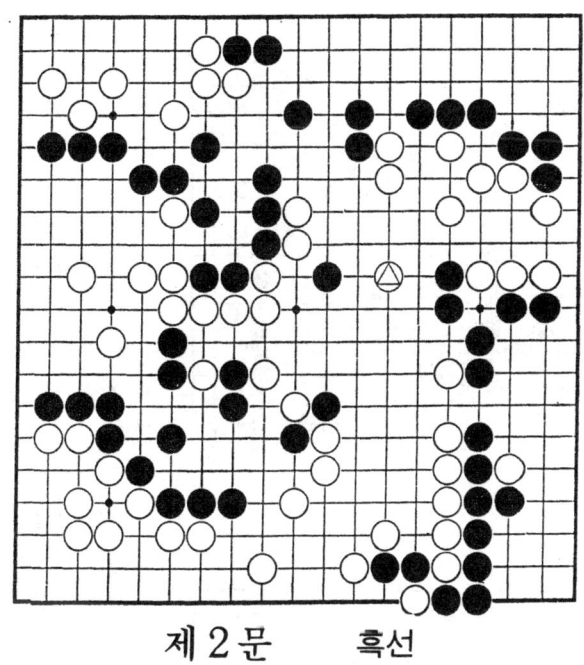

제 2 문   흑선

결정수

백이 ⊘로 차단을 하였다.

여기에 최후의 승부수가 있다.

흑은 1점을 사석으로 이용하여 우세를 확립하여야 하는가? 백의 벽이 엷어 생환은 가능하지 않는가?. 결정수가 필요한 곳이다.

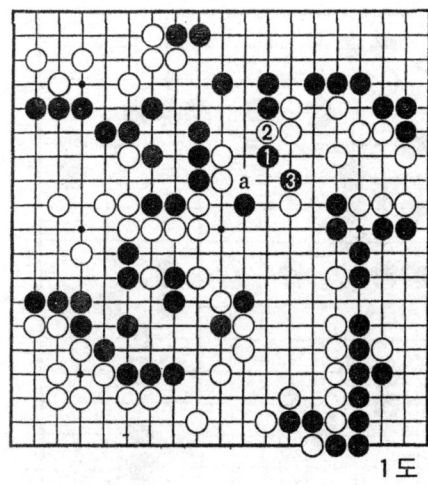

1 도

1 도 (정해)
흑 1 의 날일자
에서 3 의 마늘
모로 움직여 나
간다.

대역전의 결
정수가 있는 곳
이다.

백 2 로 a 는
흑 2 로 문제외
이다.

2 도 (실전의
진행) 백 4 의
차단은 당연하
다.

흑 5 에서 7,
9 의 내려섬은
외길이다.

백 6 으로 7
은 흑 a 로 연락
된다.

여기에서 백
10 의 끊음은 흑
11, 백 12 까지
진행된다.

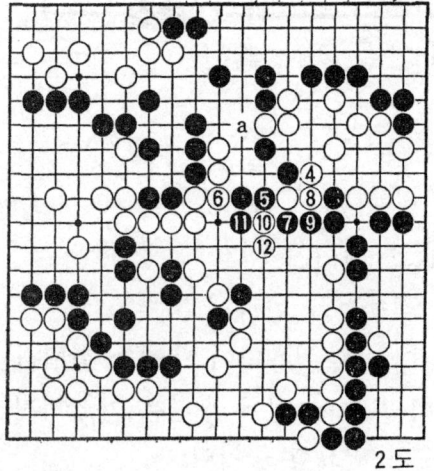

2 도

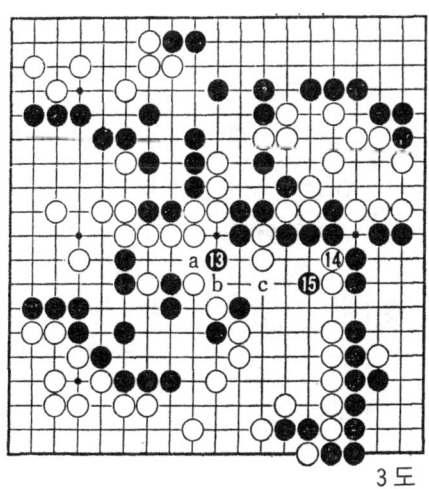

3 도

3 도 (견실한 진행) 흑13 의 마늘모 이외의 탈출 수는 없 다. a라면 b의 단수, c의 마늘 모 붙임의 맥이 다. 백14가 최 강의 저항이다. 흑15가 유일한 맥이다.

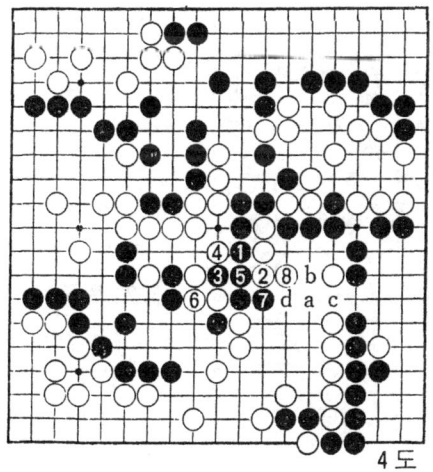

4 도

4 도 (죽음) 흑1로 그냥 나 오는 것은 백2 로 진출이 부자 유스럽다.

백8 다음에 흑a, 백b, 흑c, 백d로 나간다.

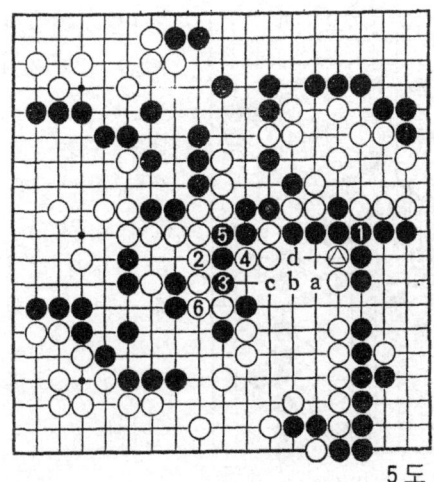

5 도 (움직임)
흑 a 대신 1 로
이으면 2 로 두
어서 대역전이
다. 흑 3 의 단
수엔 백 4 로 5
를 강요한 것이
교묘하다.

◎ 가 움직임
을 막고 있다.

5 도

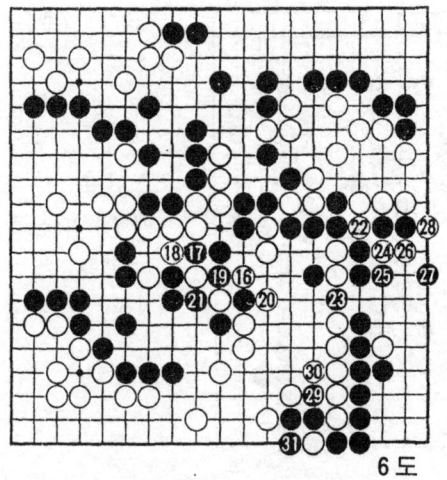

6 도 (실전의
진행) 백은 16
에서 중앙의 모
양에서 2 점을
잡아 백이 유리
하다.

혹은 다음에
29, 31 로 끝내기
를 서두른다.

반면에 14～15
집의 남는 형세
이다.

6 도

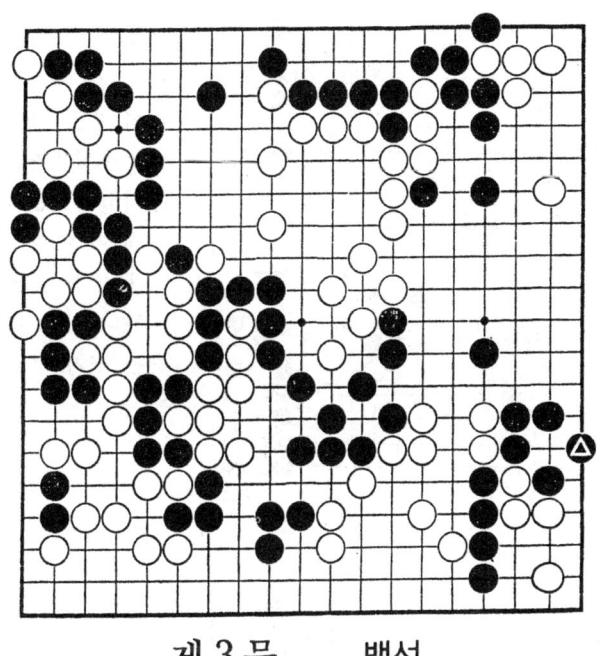

제 3 문 　　백선

내려 뻗음

흑이 ⬤ 로 한 점을 때린 모양이다.

귀를 어떻게 지켜야 할까?

백의 우세는 정한 이치인데 단계적으로　어떤
수순이 있을까?

생각이 필요한 곳이다.

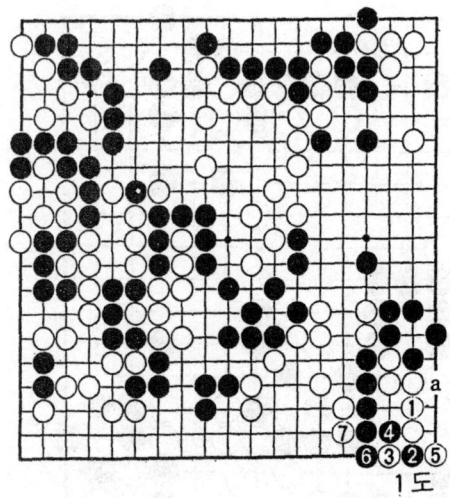

1도 (패)
백1의 이음은 흑이 2로 붙여서 유가무가를 방지한다. 6까지 패가 난다.

패는 백이 불리하다. 흑a에 두는 수가 팻감이다.

1도

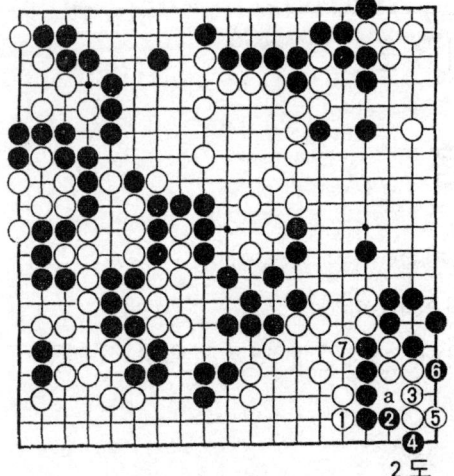

2도(흑의 선수 빅) 백1로 바깥을 조이는 것은 흑2 이하 후수 빅이다.

흑이 2로 3은 백a, 흑2 이하 패.

2도

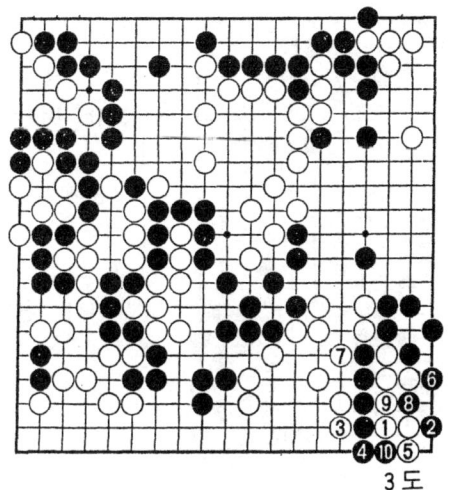

3 도

3 도 (늘음)

백1로 느는 것
도 상식적인 수
이다. 이것은 2
의 1이 급소로
패이다.

  팻감은 풍부
하다.

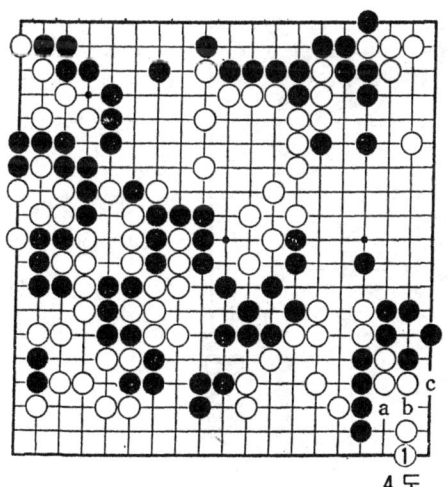

4 도

4 도 (정해)

백1로 내리는
것이 유가무가
를 이끄는 맥이
다. 흑a에 백
b, 흑c에도 백
b로 받는다.

  유가무가로 무
조건 이긴다.

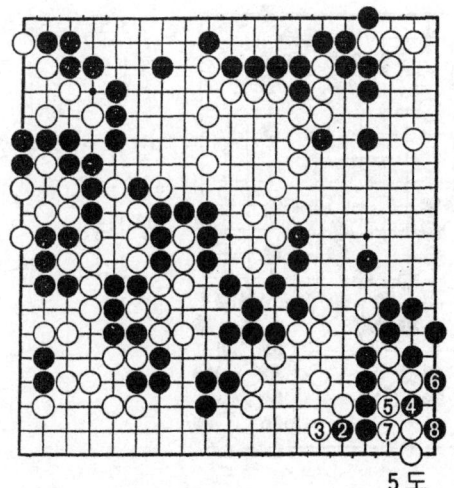

5 도 (실전의 진행) 흑 4 가 유일한 저항이다.

백 5 에 흑 6, 이 패는 백이 즐겁다.

부담이 없는 곳이다.

5 도

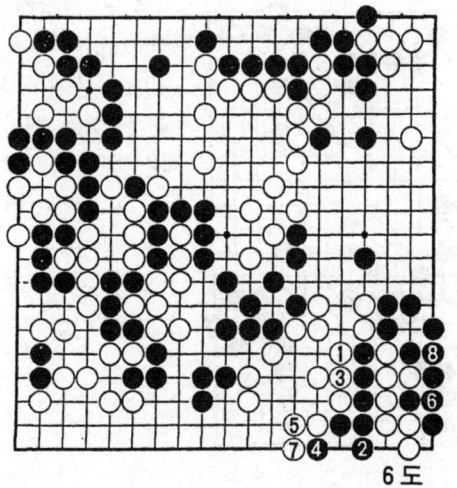

6 도 (흑의 부담) 백은 어떻게 싸우는 것이 좋을까? 팻감은 백이 좋다.

백 7 에 흑 8 의 이음은 흑이 부담이 가는 패이다.

6 도

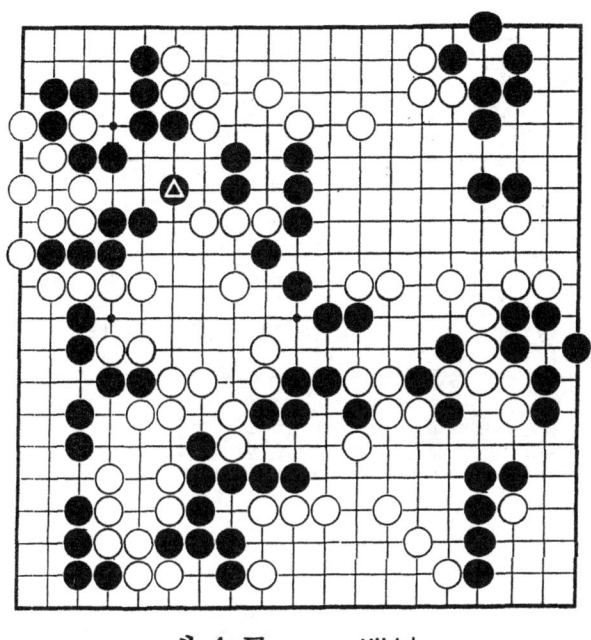

제4문　　　백선

선수의 행사

흑이 ▲로 대마를 연락하였다.

초반의 불리는 흑의 완착으로 생각이 되었다.

형세가 불명하였다. 끝내기의 수순이 크게　필요하다.

효과적인 이용의 수는?

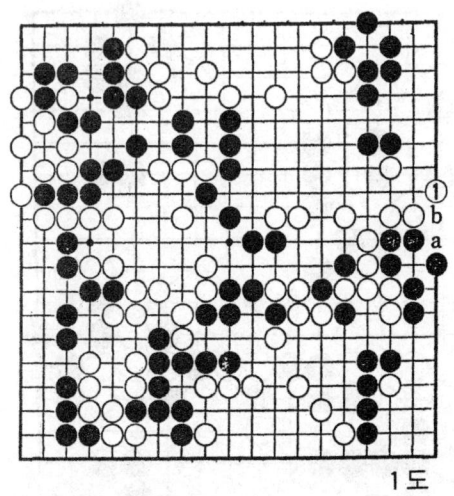

1도 (정해)
전국적으로 유
리한 팻감은 백
1의 마늘모이
다.

　다음에 a의
곳을 집어 넣어
패이다.

　백 1은 b의곳
보다는 득이다.

1 도

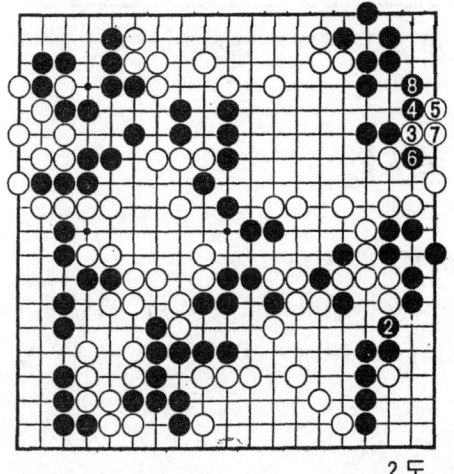

2도 (실전의
진행)　흑 2로
받음은 백 3, 5
의　2단패이다.
선수로 흑집이
감한다.

　반집 승부이
다.

2 도

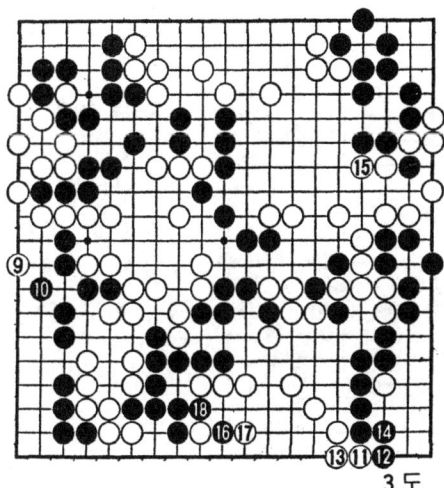

3 도 (실전의 진행) 백 9의 날일자, 11, 13의 젖혀 이음은 권리이다. 혹16, 18이 큰 곳이다.

국후의 연구에서는 이렇게 두어 여기에서 백의 반집승이 확인 되었다고 하였다.

3 도

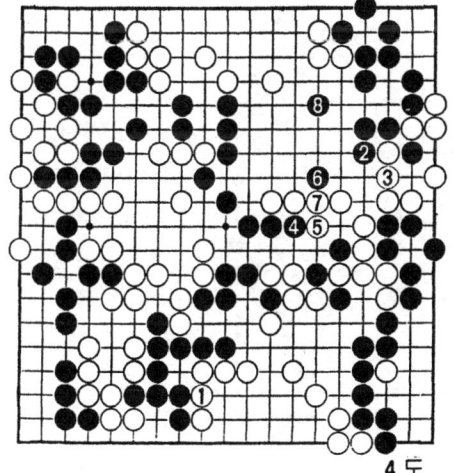

4 도 (혹승) 백 1이 약 7집의 수이다.

혹 2의 단수엔 백 3, 다음에 6, 8로 역으로 둔다.

4 도

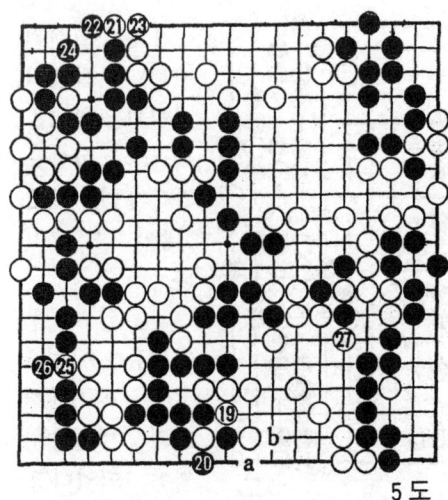

5 도

5 도 (실전의 진행) 백19의 단수는 손해.

흑 a 에는 백 b 로 받는다.

최후에 흑이 1집의 손해로 백의 반집 승이 다.

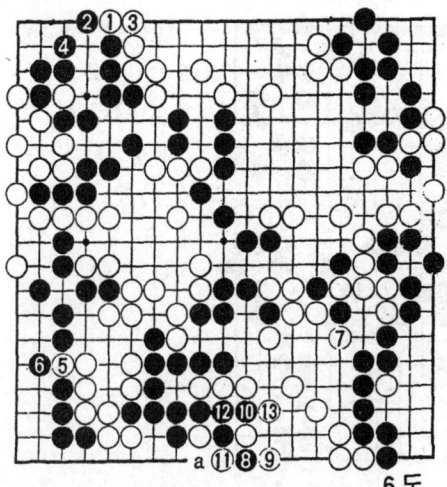

6 도

6 도(바른 끝내기) 전도 백 19에는 단지 1 이하 7이 바른 수순이다. 흑8 의 젖힘에는 백 9의 내려섬에 서 13까지—· 백의 우위는 계 속 된다.

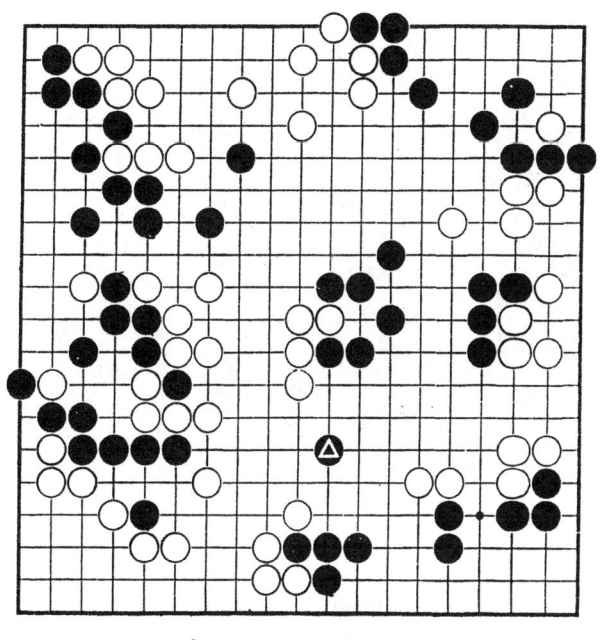

제 5 문 　　백선

끝내기

흑이 ⬤ 로 중앙을 삭감하고 나섰다.
반격의 받음을 결행한다.
서로의 절충을 생각하여 보자.
끝내기의 변화에 대하여 생각을 해보자.

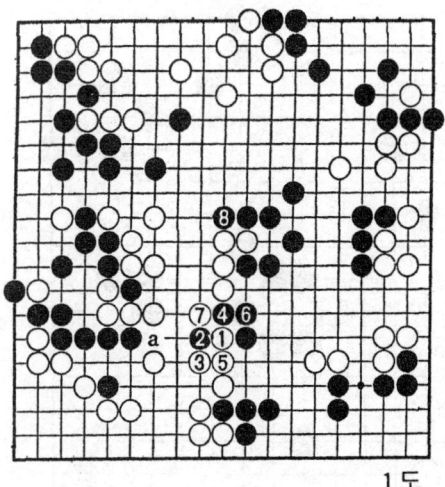

1도

1도 (붙임)
받는다면 백1
의 곳이다. 흑
2가 절묘한 맥
이다.
　백3이하 흑
8까지—· 백
3으로 4는 흑
a이다.

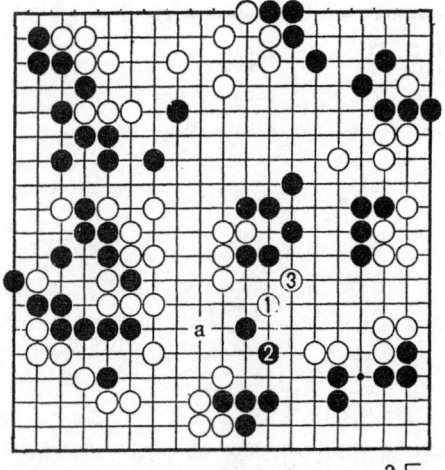

2도

2도 (정해)
백1로 반격을
하면 흑2로 연
락을 한다. 백
3의 마늘모로
중앙의 일단의
눈모양을 위협
한다. 중앙의 집
은 장래 a의
포위가 있다.

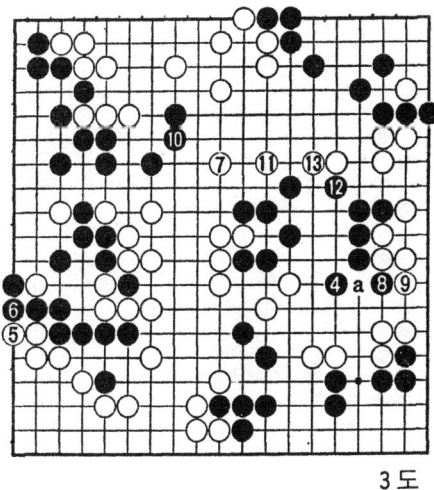

3 도

3 도 (실전의
진행) 흑의 **4**
가 탄력이 있는
모양이다.

백 **7** 이 상변
흑 1 점을 분단
시키는 선수이
다. **11** 까지 포
위를 한다.

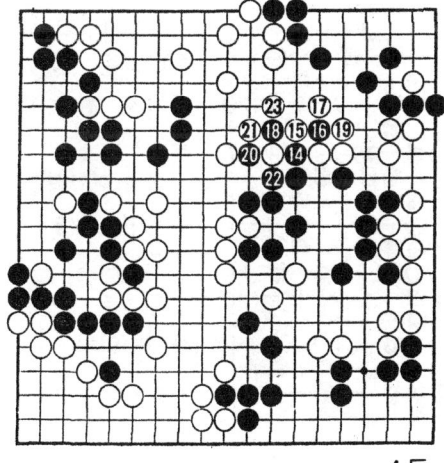

4 도

4 도 (실전의
진행) 흑 **14** 로
나가서 **16** 으로
한점을 희생하
여 **20** 까지 눈모
양을 만든다.

백의 승세는
확고하다.

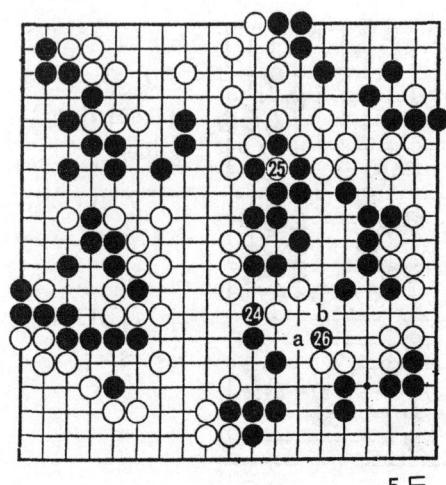

5 도

5 도 (실전의 진행) 24로 나 갈때 25의 때림 은 경솔하다.

흑26은 호수. 여기에서 a 의 마늘모에는 b 이 다.

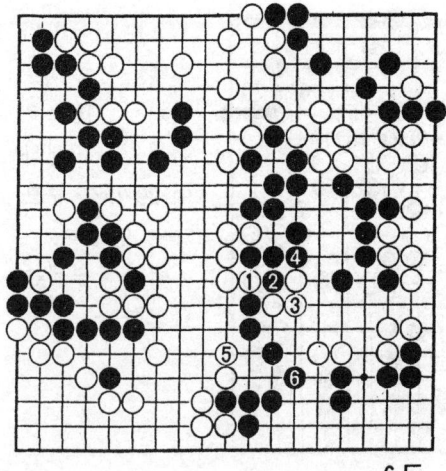

6 도

6 도 (바른 수 순) 백은 1로 나가서 3 의 이 음이다.

흑 4 로 삶을 구하면 백 5 는 선수이다.

흑 6 은 생략 할 수 없다.

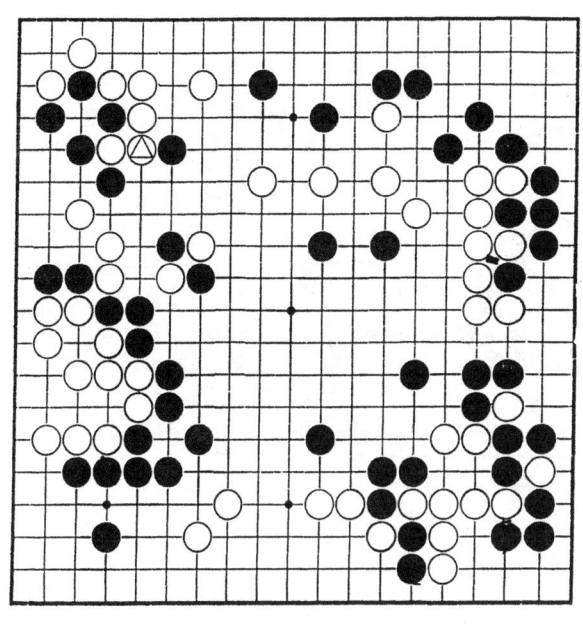

제 6 문 　　흑선

끊음으로 처리

백이 ◎로 이었다.

　좌상귀에 맛이 남는다. 여기에서는 중앙 　끊음
으로 어떻게 처리를 할까?

　흑이 두터운 모양이다. 백의 엷음에 　부딪히는
수는?

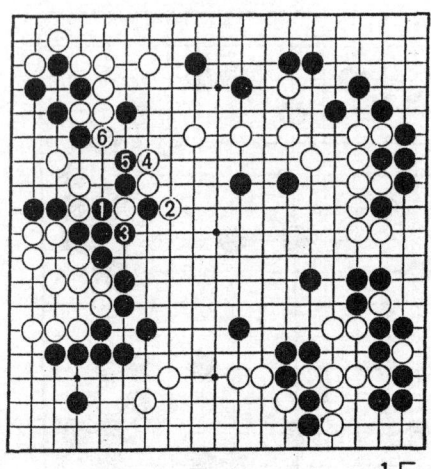

1 도

1 도 (안전이 부담) 흑 1 로 안쪽을 두는 것은 안전성이 있는 수이다.

또 흑 1 로 2 는 이하 백 5 까지 되어 좌상이 크지 않다.

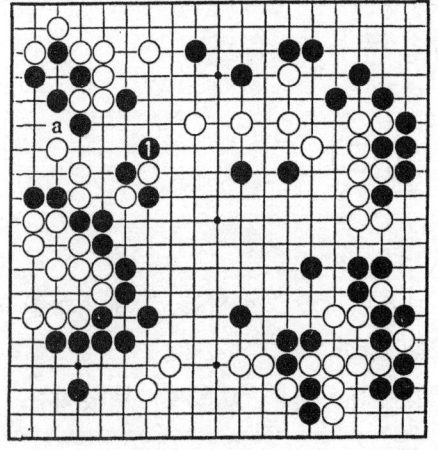

2 도

2 도 (정해) 흑 1 로 바깥쪽의 막음. 이것이 최강수단이다.

부분적으로는 무리, 백의 대마를 공격을 한다.

흑 a 의 이음도 하나― ·

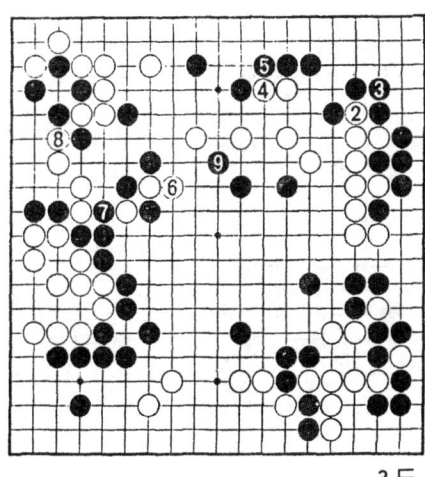

3도

3도 (실전의
진행) 백은 2,
4로 나간다.

눈모양이 불안
하다. 백6의 뻗
음과 8의 끊음
으로 좌상의 나
쁜 맛을 해소하
였다.

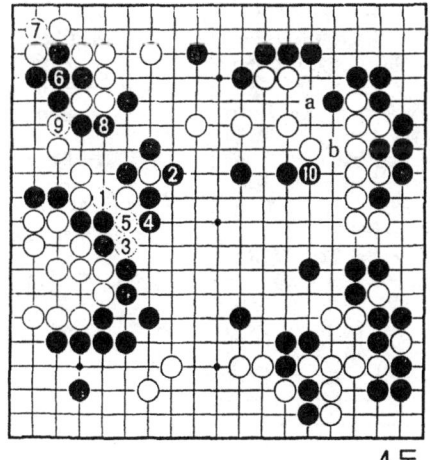

4도

4도 (상당)
전도의 백6으
로 1의 곳 이
음은 흑2, 백
3으로 3점을
잡으면 다음 4
, 6, 8 다음 10
까지— · 흑a
에는 백b가 있
다.

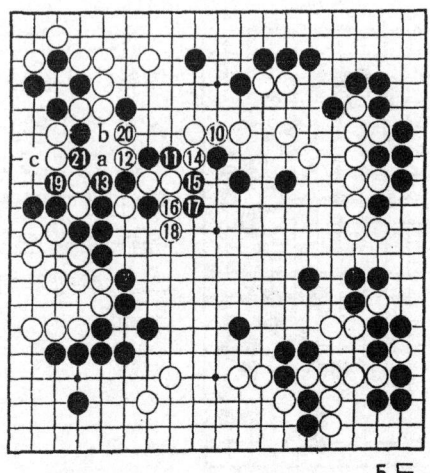

5 도

5 도 (실전의
진행) 백 10의
이음에는 11의
내림에서 백 12,
14까지―·13
의 곳에 흑돌이
와서 19의 단수
까지―·백 20
으로 21의 이
음에는 흑 a, 백
20, 흑 b의 단수
까지 흑 c로 축
이다.

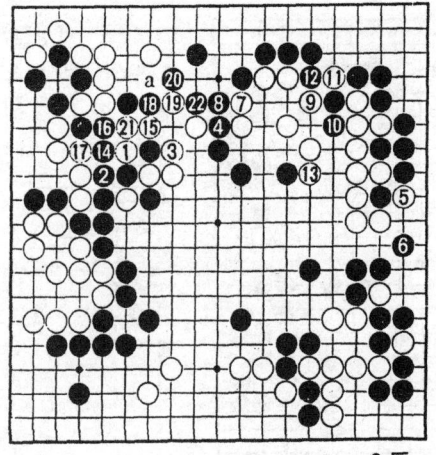

6 도

6 도(천하패)
전도 백 10으로
1, 3으로 중앙
을 두는 수에서
14로 중앙을 공
격하고 있다.

흑 22 다음에
백 a로 패인가?
팻감이 문제이
다.

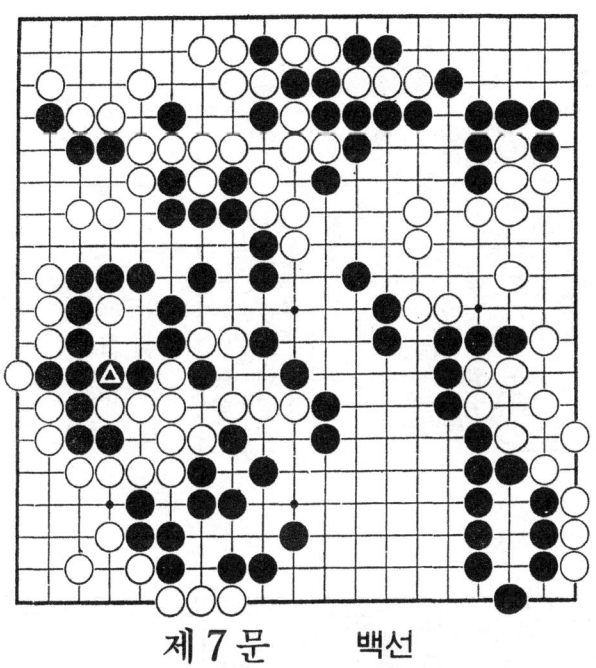

제 7 문 　 백선

의외의 한수

흑이 ▲로 잇고 있다.

이 다음에 대세를 결정하는 수는 어느 곳일까?

백의 승리는 움직이지 않는다.

끝내기의 맥으로 일발이 있다.

결정수는 어느 곳일까?

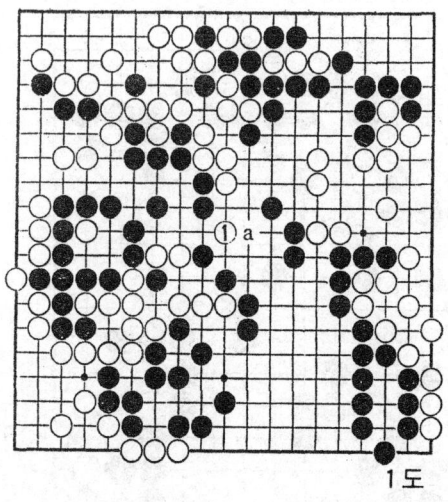

1 도

1 도 (정해)
백 1의 뜀이 정해이다.

중앙의 흑집이 대폭 감소가 된다. 이곳에서 흑은 공격을 완료하지 않을 수 없다.

백의 5집 반 승이었다.

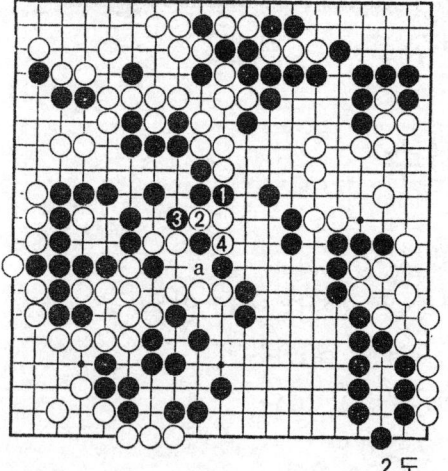

2 도

2 도 (때림)
흑 1의 차단에는 백 2, 4가 좋은 수이다.

흑 1로 3은 백 a 이다. 1의 연락과 양단수가 맞보기이다.

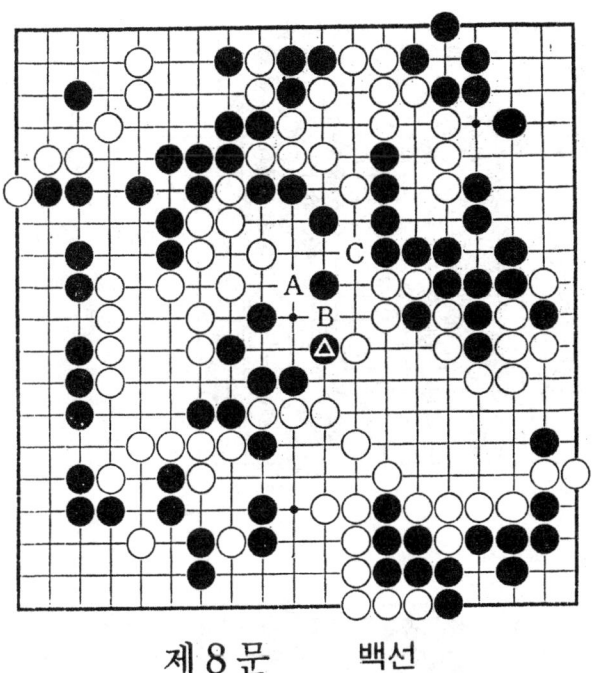

제 8 문　　백선

전제

흑이 ⬤ 로 마늘모하였다.

중앙의 엷음을 보충하였는데 이곳은 백A 흑B 백C.

자, 백은 끝내기를 어디서부터 하여야 하나.

약점을 찌르는 계산된 수가 있어야 한다.

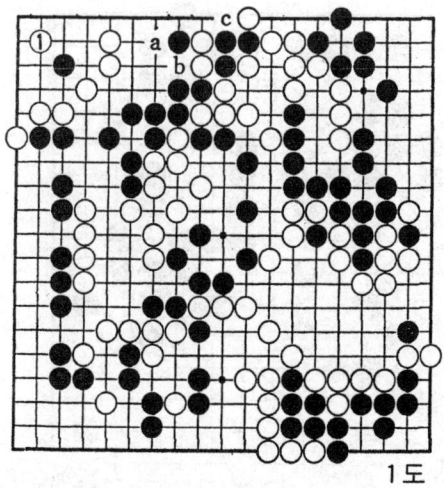

1도

1도 (완착)
백 1로 지키는
것은 완착이다.
이곳은 맥이
아니다. 바깥을
둔다면 백a,
흑b로 백c로
움직일 자리이
다.

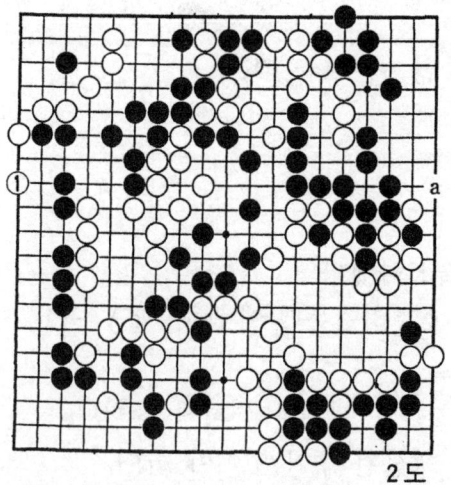

2도

2도 (선수)
백 1의 한칸, 백
a의 마늘모가
선수이다. 여기
에서는 선수의
시기가 문제가
된다.

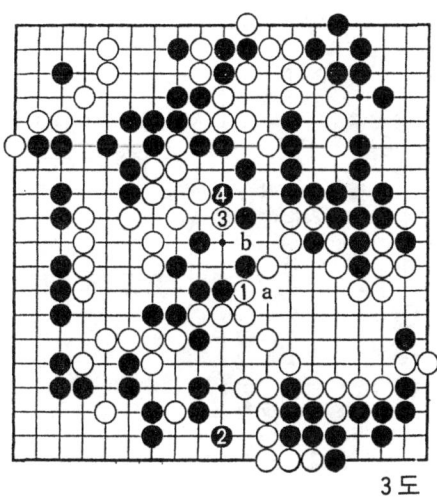

3 도

3 도 (역선수) 백 1 의 치받음엔 흑 2. a 로 젖혀 선수끝내기를 봉쇄하면 b 로 단수를 한다. 그래서 흑 2 로 마늘모하여 불명의 형세이다. 중앙 백 3 에는 흑 4 이다.

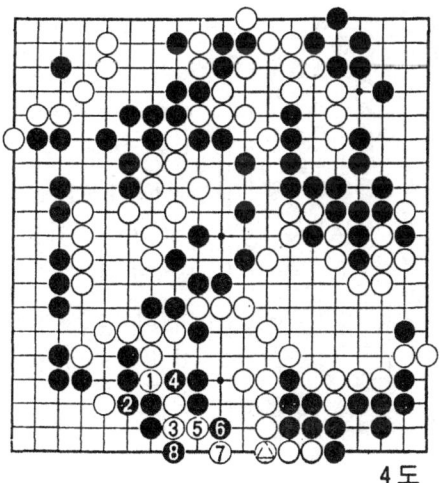

4 도

4 도 (뒤떨구기) 문제의 촛점은 하변이다. 백 1 에서 3 의 내림은 속맥으로 성공을 하지 못한다. 흑 6, 8 로 뒤떨구기를 당한다.

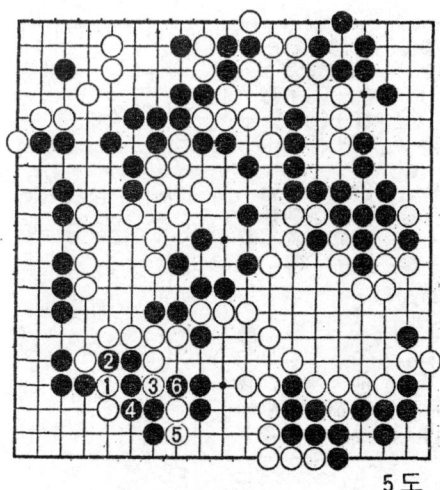

5 도

5 도 (정해)
백 1 의 올라섬
에서 3 의 단수
까지의 수순이
다.
　지금의 도는
6 까지 된 다음
에—

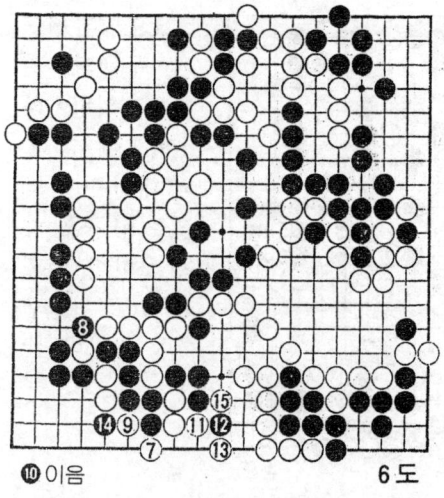

❿ 이음　　　6 도

6 도 (실전의
진행)　백 7 의
단수, 여기에서
9 로 조인 다음
에 백 11, 13으로
소기의 목적을
달성한다.
　뒤떨구기 는
성립이 되지 않
는다.

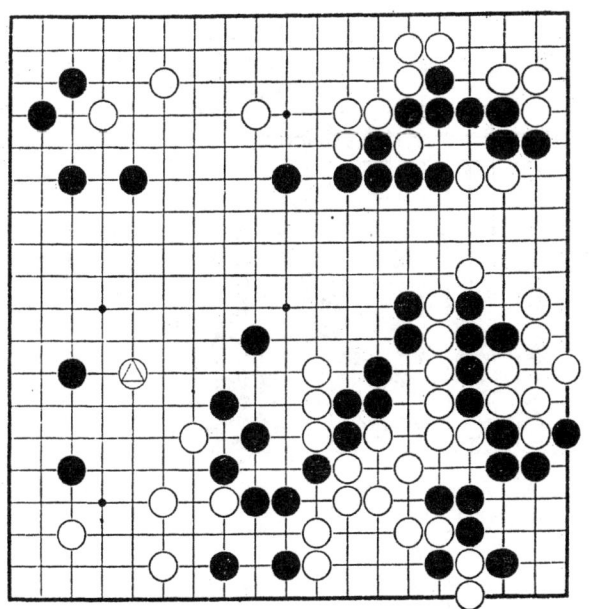

제 9 문　　흑선

침입의 입장

백이 ⨀로 모자를 씌워왔다.

　우하의 전투에서는 흑백간에 악수를 두어서 현재는 형세가 불명하다.　중반에서 종반까지 —·

　끝내기를 하면서 두터운 모양으로 침입을 해 나간다.

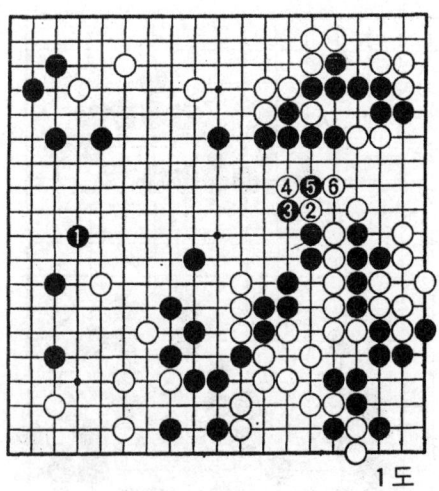

1도 (원인)
흑1은 모자를
벗을때는 날일
자라는 곳이다.
중앙은 2, 4
로 2단 젖히는
곳. 흑5에 백
6으로 패이다.

1도

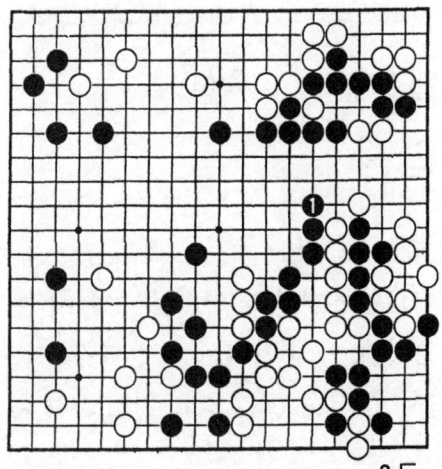

2도 (정해)
흑1로 뻗는 것
이 뒷맛을 없애
는 두터운 수이
다.
두터운 끝내
기를 이용하는
수로 이곳을 지
키는 것이 정해
이다.

2도

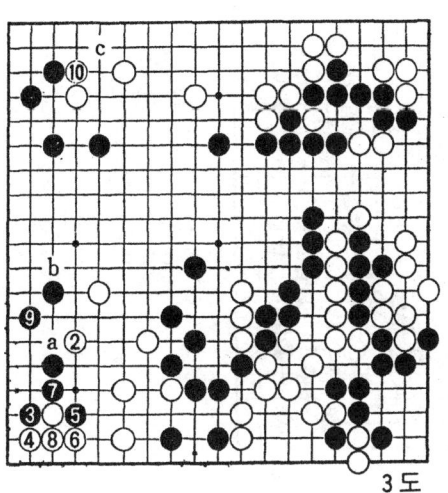

3 도

3 도 (실전의 진행) 백 2, 4 로 귀를 둔다.

흑 a 는 백 b 로 붙여 조화를 구한다. 흑 3 에서 7 까지 백의 주문에 걸린다.

백 10은 흑 c 와의 비교에서 실리가 크다.

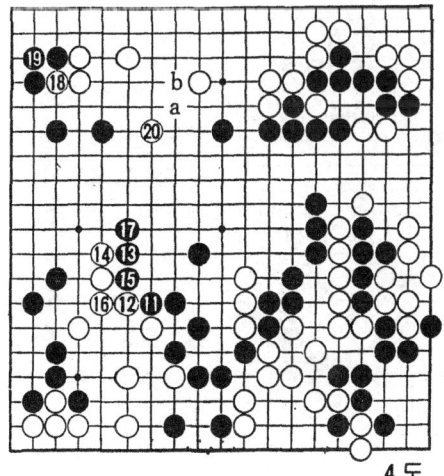

4 두

4 도 (실전의 진행) 흑 11에서 중앙을 에워싸는 것은 이하 17까지인데, a 와 b 의 교환이 없다.

17다음 20 으로 나오는 수단이 있다.

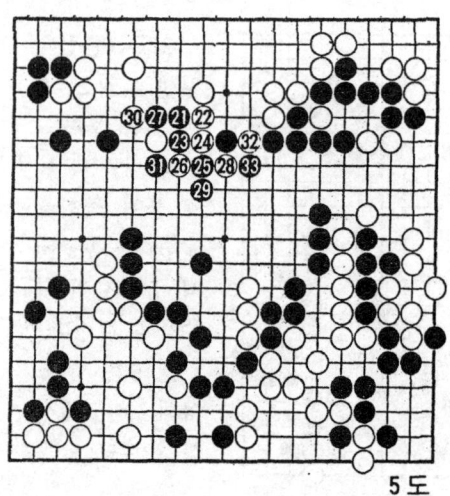

5도

5 도 (실전의 진행) 21로 둘 때 26까지는 이 길 수가 없다.

백32에는 흑 33이 상용의 맥 점이다.

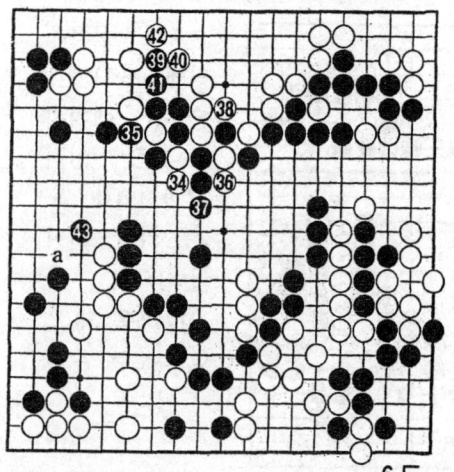

6도

6 도 (실전의 진행) 백34의 희생 다음에 36 으로 둔다. 흑 의 39, 41, 43 이 승부의 결정수 이다. 백36에는 단순히 38, 흑 36, 백a로 흑 이 두터운 형세 이다.

제 4 장

놓여있는 바둑으로 결정한다

바둑이 놓여 있다면 작으나마 흑이 우세하다.

그렇기 때문에 백은 가끔 무리수를 던지게 된다. 이 장에서는 무리수를 응징하는 것이 촛점이 된다.

하나의 조건이 어떻게 역량의 차이가 나타나는가? 또한 놓여 있는 바둑을 어떻게 알기쉽게 이용을 할 수 있는가?

돌의 방향을 결정지어 바둑을 이길 수 있게 결정을 해 나가자.

이것이 호선의 바둑에서 십분 좋은 요령이 된다.

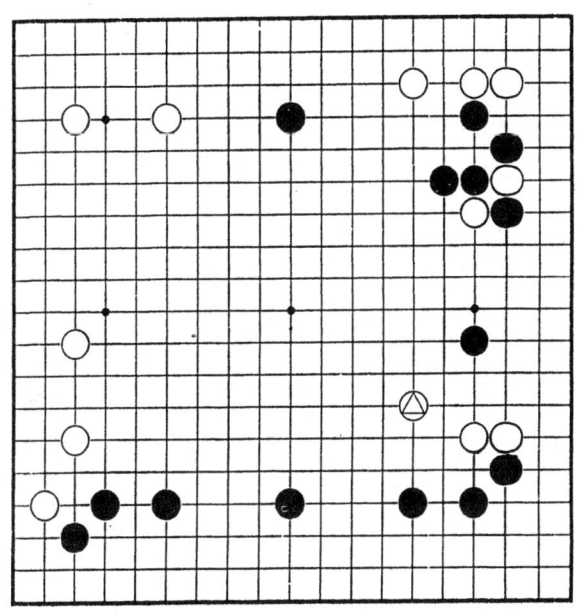

제 1 문   흑선

추격

백이 ⓐ로 도망을 한 모양이다.

하변은 흑, 좌변은 백의 대세력이다.

세력의 규모는 흑이 만든다.

백세를 축소시키고 흑의 세력을 키우는 수를
묻고 있다.

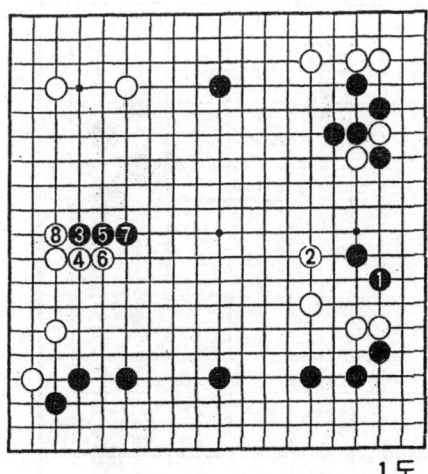

1 도

1 도 (소극적)
흑 1 로 백의 근거를 빼앗는 것은 백 2 로 뛰어서 즐거운 모양이다.

하변과 우변이 엷다. 3 의 삭감이 좋은 점이지만 여기에서는 부정을 한다.

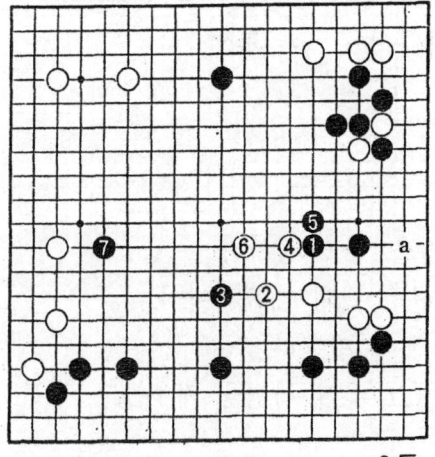

2 도

2 도 (정해)
흑 1 의 한칸, 백 2 에는 흑 3 으로 진출을 한다. 백은 4, 6 으로 모양을 갖춘다.

다음에 7 로 모자를 씌워 좌변 백세를 삭감한다.

백 a 는 무시한다.

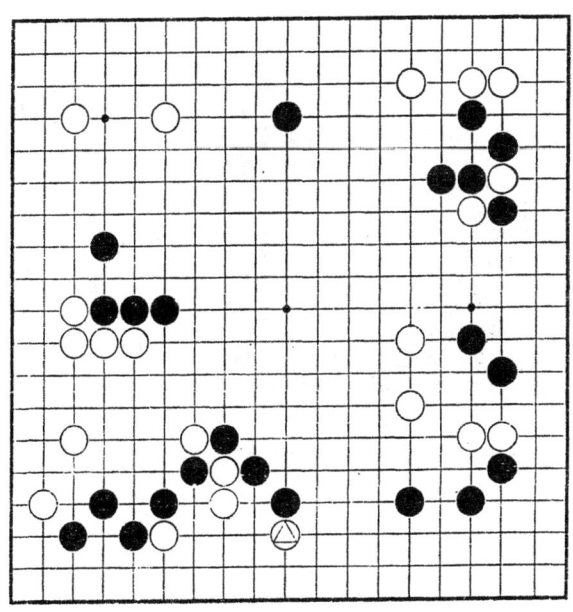

제 2 문   흑선

여기가 큰일

백이 ⊘표로 붙여왔다. 앞 문제에서 몇수   더
진행이 된 상태다.

이곳의 백에 취하는 수는 어떤 것이 좋을까?

외세를 이용함은 다음의 과제이다.

뚜렷한 목적의식이 필요한 곳이다.

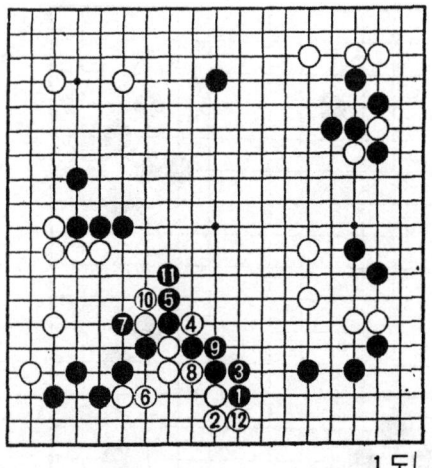

1 도|

1 도 (상식의 내림) 흑 1 의 내림은 상식적인 모양이다. 백 2 이하 12 까지 간단히 산다.

수순중 4 의 끊음으로 10 까지 외길이다. 흑의 외세의 하나다. 흑 3 으로는 4 의 이음도 있다.

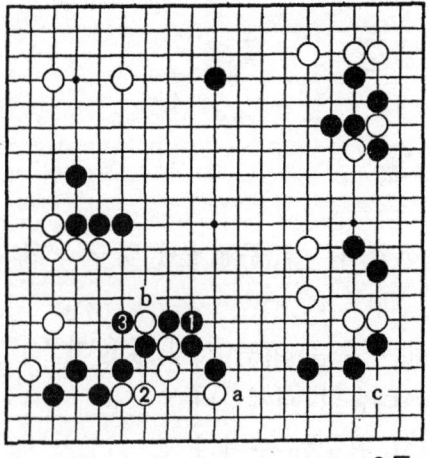

2 도

2 도 (정해) 맨처음에 흑 1 의 이음이 좋은 수.

백 2 에는 흑 3 의 단수, 지금의 싯점에서는 a 로 두지 않는다. 백 a 라면 흑 b 이다. 하변의 백 c 의 3 · 3 은 작다.

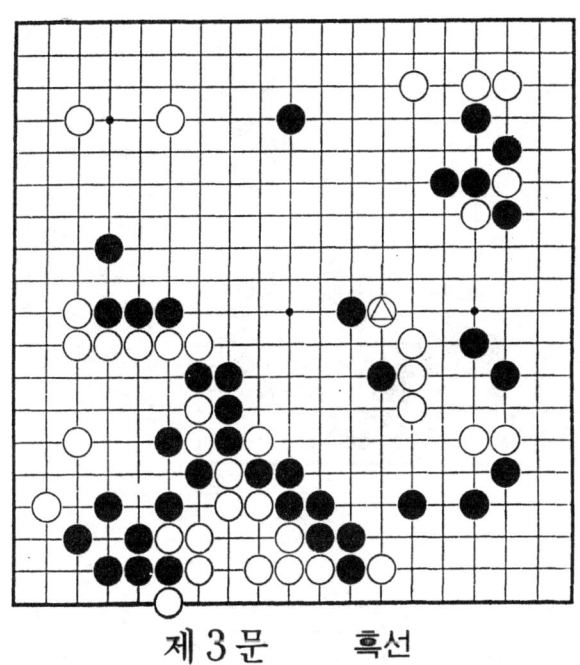

제 3 문　　　흑선

우변이 좋다

백이 ⓐ로 마늘모 붙임을 하였다.

앞 문제에서 10수 정도 진행이 되었다.

　이 마늘모 붙임에는 우변의 중앙진출을　함께
꾀하고 있다.　흑모양의 엷음에 비밀이 있다.

　백의　눈모양을 압박하는 수가 필요하다.

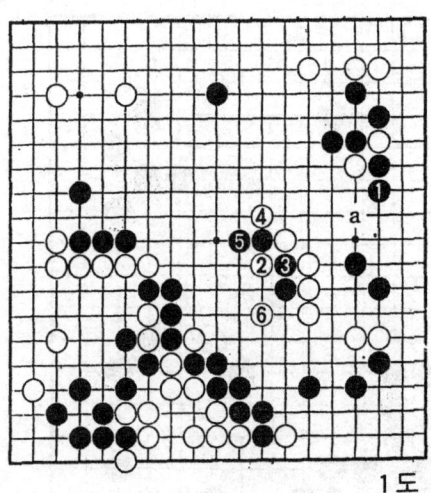

1도

1 도 (뻗음)
흑 1 은 견실한
수이다. 하나의
모양이다. 중앙
방면이 즐거워
백은 2 에서 6
까지의 맥으로
둔다. 흑 1 로
2 는 백 a 로 곤
란하다.

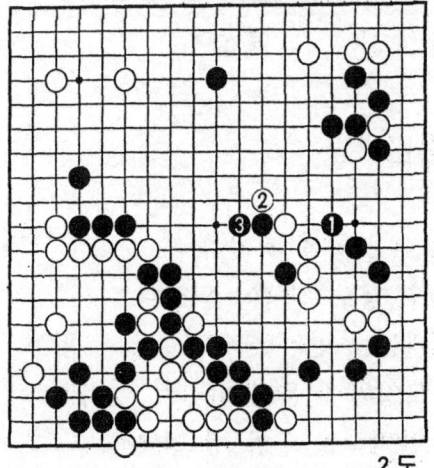

2도

2 도 (정해)
흑 1 로 백의 눈
모양을 압박하는
것이 좋은 수이
다. 우변의 집
이 커진다.
　백이 2 로 젖
히면 흑 3 으로
뻗는다. 자연 좌
변의 흑 4 점을
구출한다.

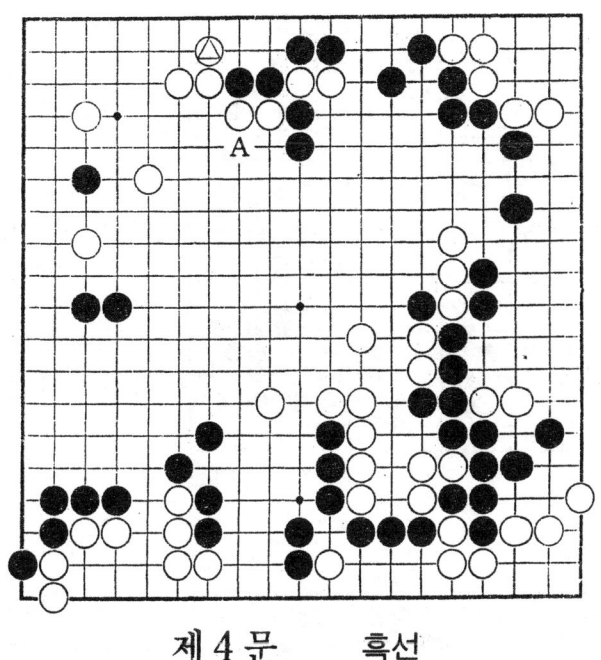

제4문   흑선

결단의 시기

백이 ◎로 내려섰다.

이곳을 방치한다면 A의 붙임이 있다.

흑A는 손빼기 작전이다.

하수는 기합이 부족하여 이곳을 둔다.

다음의 한 수는 어디일까?

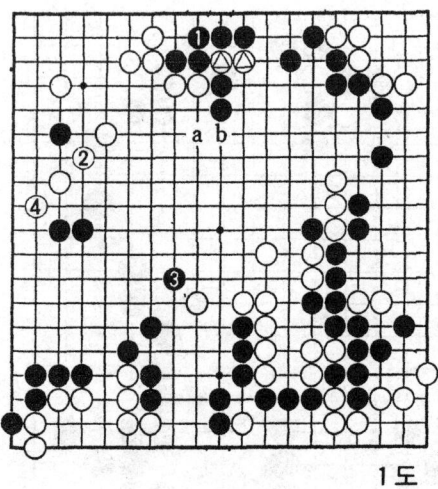

1 도

1 도 (세기)
혹 1 의 이음은
무난한가? 그
러면 백 2 로 한
점을 잡아서 곤
란해진다. 여기
는 세기(細碁)
이다. 백은 ⊘
표 2점을 이용
하는 수가 된다.

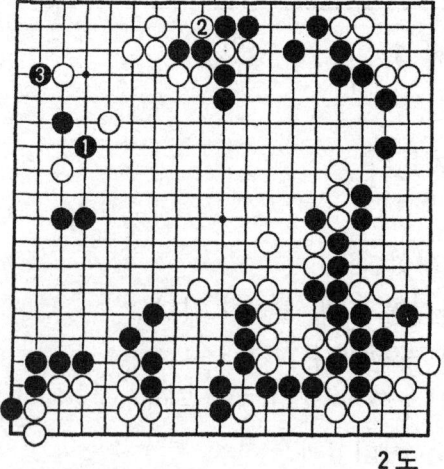

2 도

2 도 (정해)
단연 손을 빼고,
혹 1 의 곳을 마
늘모 한다. 백
이 2 의 곳을
끊어 잡으면 3
의 곳을 붙인다.
이로써 중반 후
기의 주도권을
잡는다.

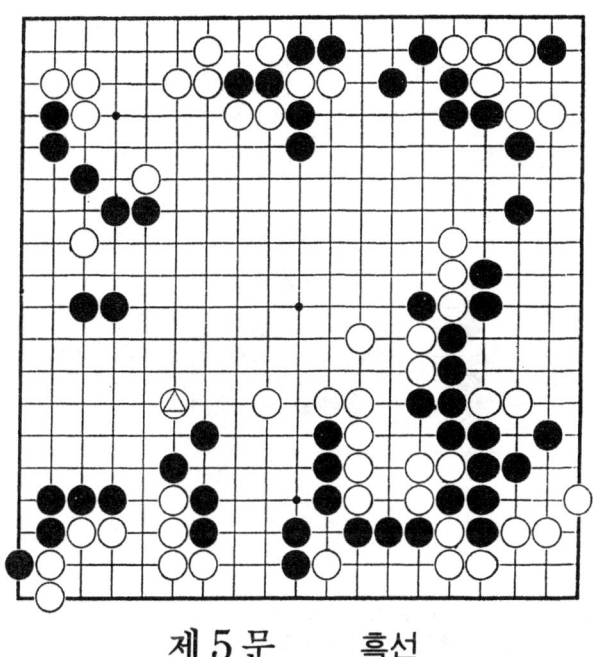

제 5 문   흑선

용기있는 모양

백이 ⓐ로 돌입을 하고 있는 모양이다.

앞문제에서 수수의 진행이다.

이것은 끝내기 단계에서 백의 승부수이다.

견실한 받음이 승부의 관건이다. 형세판단의 문제이다. 용기있는 역습이 필요하다.

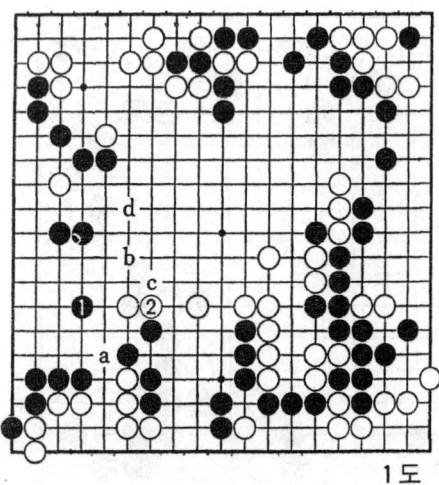

1 도

1 도 (역전)
흑 1 로 받으면
백 2 로 되돌아
간다.

나중에 a 의
단점을 노린다.
흑 1 로 2, 백
b, 흑 c 에는 백
d 로 나간다.

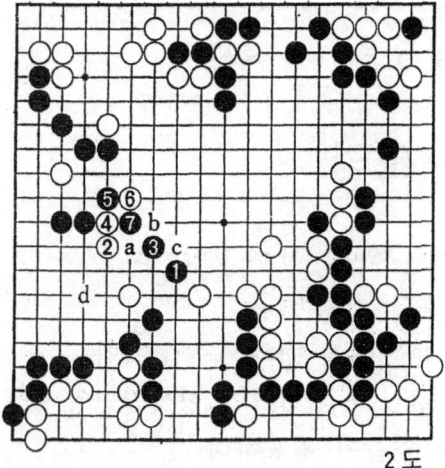

2 도

2 도 (정해)
흑 1 이 역습의
정형이다.

백 2 에는 흑
3 의 마늘모로
백은 살 수가
없다. 또 백 2
로 3 에는 흑 c
이하의 시기를
보아 흑 d 로 되
돌아간다.

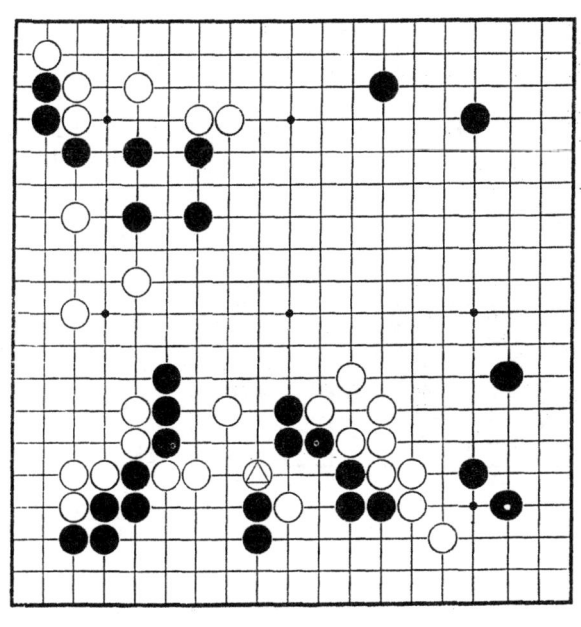

제 6 문 　 흑선

근거를 끊음

백이 ⊚로 젖혀 나온 모양이다.

　흑의 응수가 고약한 곳이다. 이곳이 초반의 승부처이다. 백은 숫자상으론 즐겁지 못하다.

　좌상의 일단의 모양에서는 흑에 고전의 길이 예상되는 곳이다.

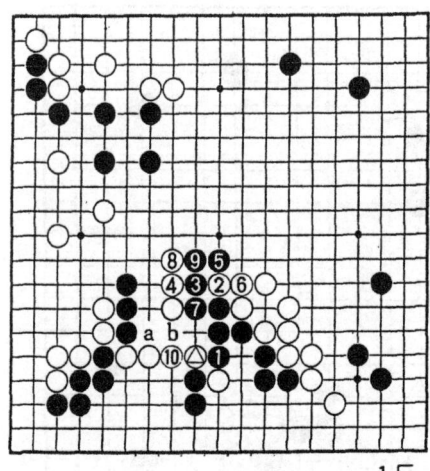

1 도

1 도 (주문)
흑1의 끊음은
백의 주문이다.
백2 이하 10
까지 조화있는
모양이다. 흑a,
백b, 흑10으로
백△표 일착이
봉쇄되어 자유
스러운 싸움이
다.

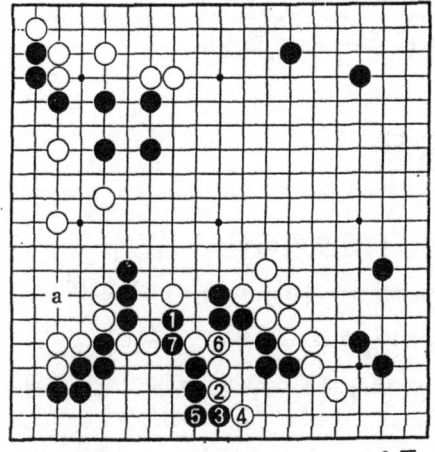

2 도

2 도 (정해)
백의 연락을 차
단하는 수는 흑
1의 붙임이다.
대세상의 요점
이다.
흑7로 중앙
이 두터워 우세
이다. 좌변에 a
의 치중이 있다.

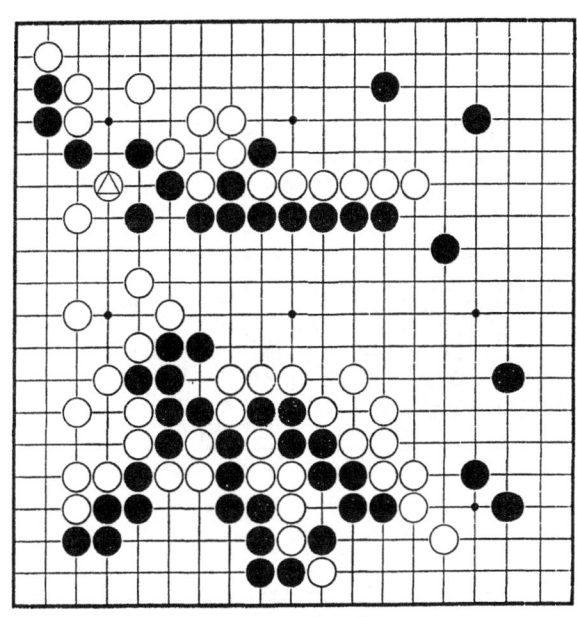

제7문　　흑선

응수타진

백이 ◎표로 들여다 보았다.

흑의 눈모양을 빼앗는 시기이다.　흑은 어떻게 대응을 하여야 하나?

책략이 매우 필요한 곳이다.

흑의 다음의 한 수는 어느곳일까?

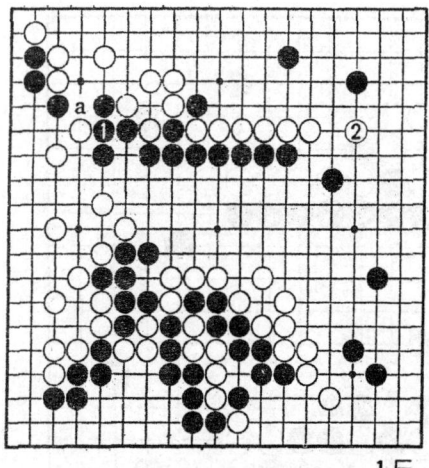

1 도

1 도 (대손)
흑 1로 이으면 백 a의 큰곳이 남는다. 백 2로 계속 추격해 나간다.

흑 2로 봉쇄를 하는 방법도 있다.

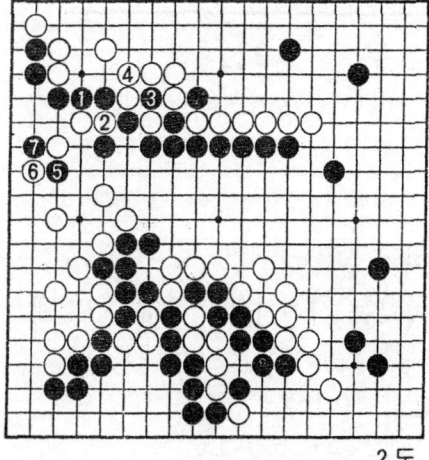

2 도

2 도 (정해)
이곳에서 생각해 보자. 당연히 흑 1의 이음이다. 백 2의 단수에는 흑 3으로 4를 강요하고 5, 7로 붙여 끊는다. 5, 7이 유명한 맥이다. 흑이 생환된다.

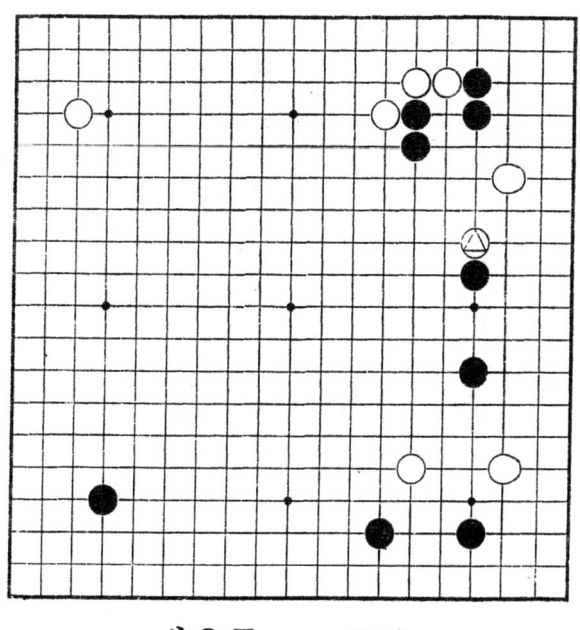

제 8 문　　혹선

삶의 정석

백이 ◎ 표로 붙여서 타개하려고 하고 있다.

정석의 연장인데, 정석의 변화는 주변 상황의 변화를 생각해 보아야 한다.

여기에서의 수비는 백 2 점이 불리하다.

어떤 수가 있는 곳인가?

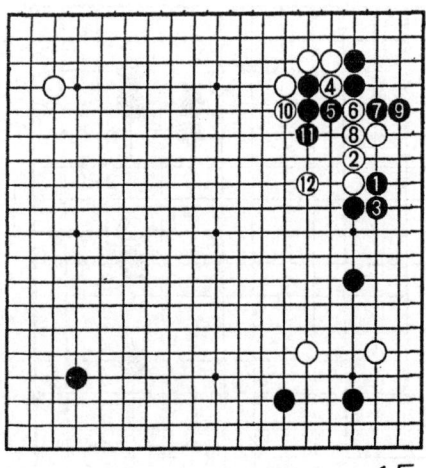

1 도 (난전)
붙이면 젖힘의
곳이다. 흑1이
다. 백2에는
3의 이음, 4
로 나와서 맞보
기이다. 흑1로
4로 나오는 것
은 백3으로 젖
혀서 우변 일대
가 공격 목표가
1 도   된다.

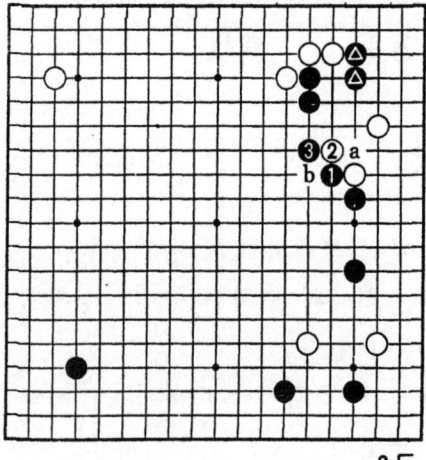

2 도 (정해)
같은 젖힘이지
만 흑1로 위쪽
을 젖힌다. 백2
에는 흑3이다.
이 다음에 백
a에는 흑b로
중앙을 중시한
다.
흑△표 2점
을 사석으로 이
2 도   용한다.

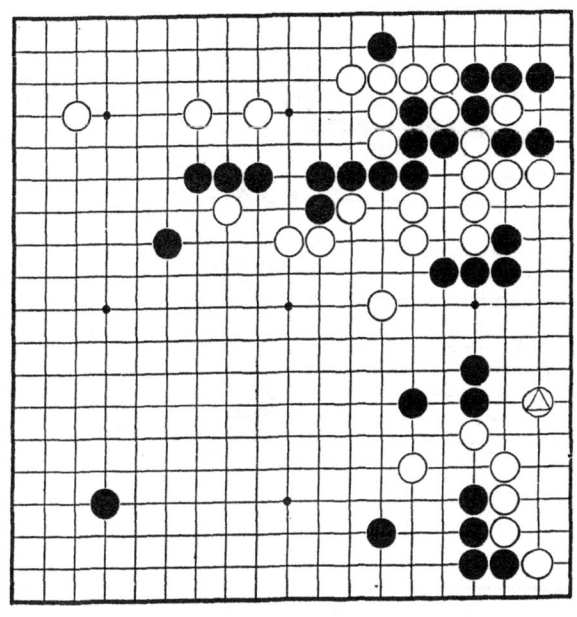

제 9 문 　 흑선

착점의 의의

백이 ⊘ 표로 미끄러져 왔다.

앞 문제에서 30여수가 진행된 국면이다.

백의 목적을 생각하여 보자. 넓은 수를 국면에
비하여 생각하자.

전투의 주도권이 가장 큰 문제이다.

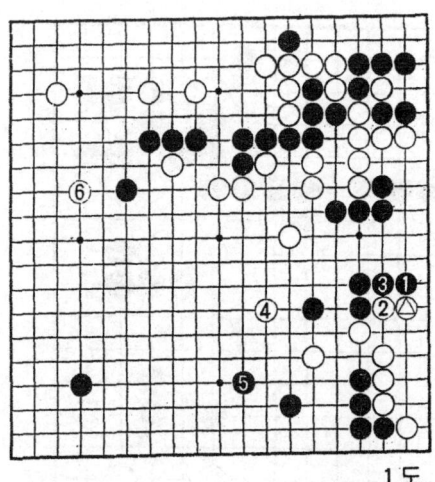

1 도

1 도 (막음)
백의 미끄러짐에 단지 흑 1 로 막는 것은 백 2 까지 소기의 목적을 달성한다.
백은 여기에서 4, 6 으로 국면의 주도권을 잡고 움직여 나간다.

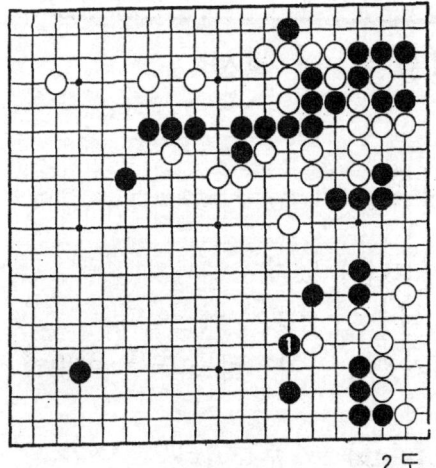

2 도

2 도 (정해)
삶을 허락하고 흑의 근거를 위협하고 장래의 공격을 막는 흑 1 의 붙임, 백을 봉쇄하여 하변에 세력을 향상한다.
이 수가 최선이다.

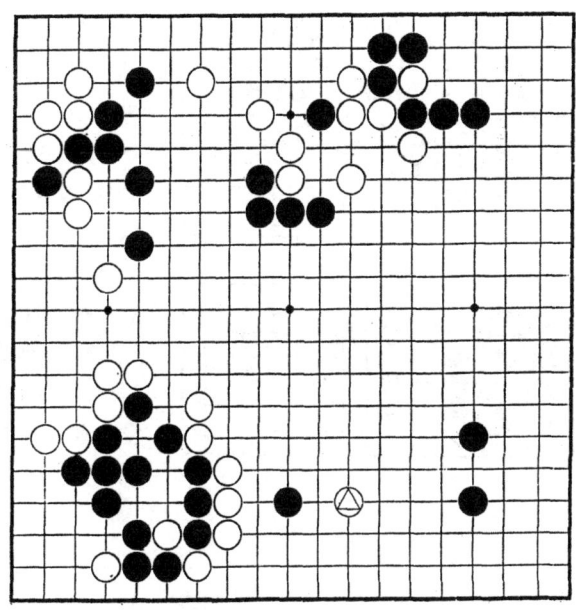

제10문　　흑선

세력의 협공

백이 세력을 믿고 △로 협공을 하여 왔다.

흑의 국면 전개의 수가 필요한 곳이다.

흑은 어떤 구상으로 대응하여 나갈까?

하변의 백의 벽은 두텁다. 두터움에는　두터움
으로 엷음에는 엷음으로 대응을 하는 모양이다.

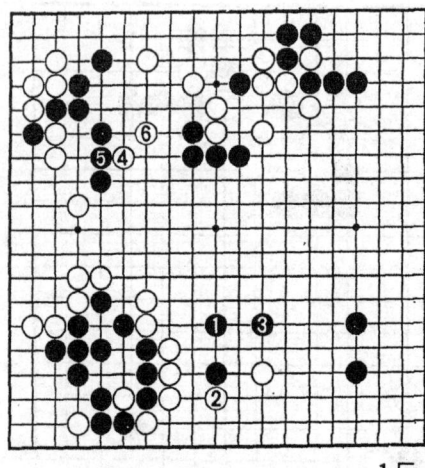

1 도

1 도 (한칸)
세력에 대하여
흑1로 움직이
는 것은 백2로
붙여 강화를 한
다.

흑3에는 일
전하여 백은 **4**
, **6** 으로 전환을
한다. 이것은
중앙을 공격하
게 된다.

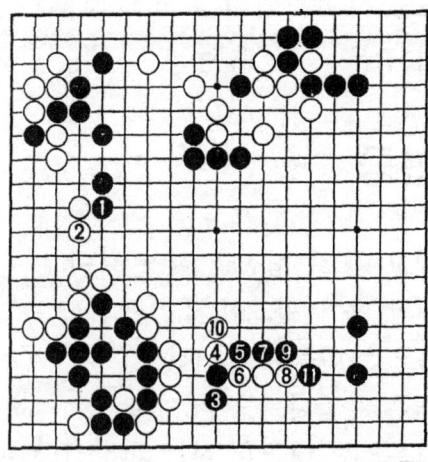

2 도

2 도 (정해)
먼저 흑1의 곳
을 민다.

중앙의 흑 일
단을 강화하는
것이 선결 문제
이다.

백이 **2** 로 뻗
으면 흑3으로
내려선 다음에
11까지 전투의
주도권을 행사
한다.

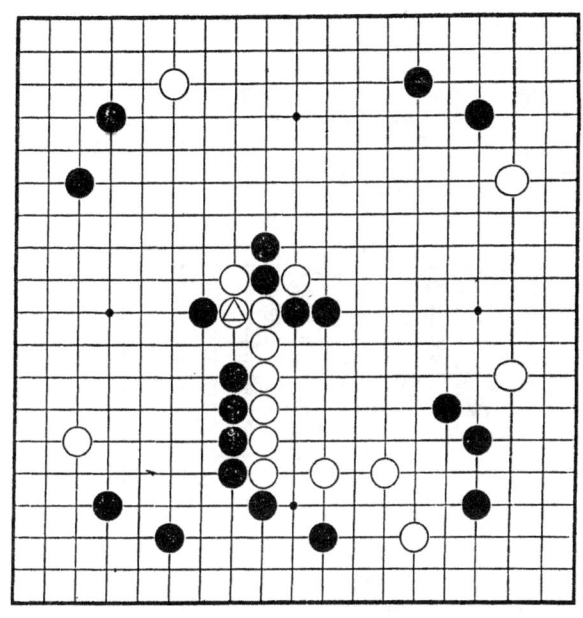

제11문   흑선

끌고 되돌아감

백이 ⬭ 로 이어 놓은 모양이다. 5점 바둑이
다. 흑은 중앙에 강경하게 전투를 유도하고 있다.

여기서 반대로 국면을 살펴볼 필요가 있다.

전국적인 두터움을 이용한다.

견실함에 보조가 필요한 곳이다.

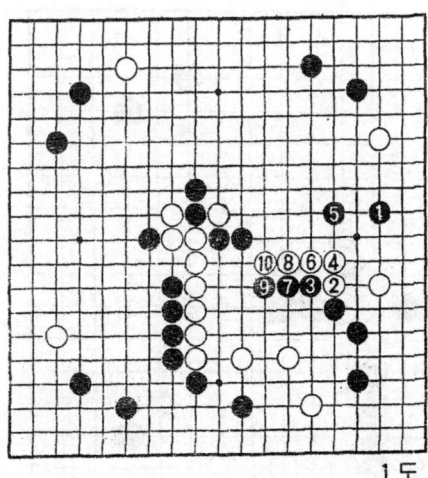

1 도

1 도 (지나침)
흑이 중앙을 두 텁게 생각하는 입장에서 흑1 은 기분에 치우 친 수이다.

백이 2, 4 로 머리를 내밀은 결과는 우변, 중 앙에서 우하귀 까지 엷은 모양 이다.

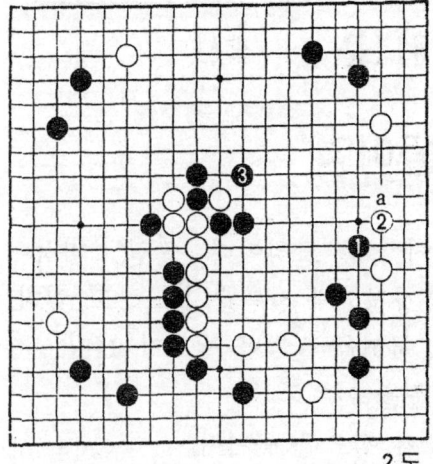

2 도

2 도 (정해) 흑1의 씌움에 는 하변의 백은 두터움에 대항 을 한다. 그러 면 흑3으로 중 앙으로 되돌아 간다.

백2로 중앙 을 두면 흑3으 로 a의 곳을 두 어 크다.

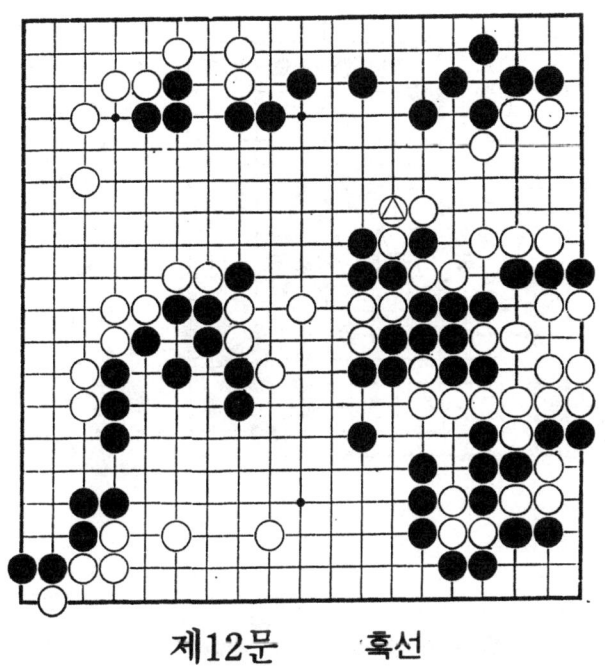

제12문   흑선

급소의 결행

백이 ⊘로 이었다. 이것은 3점 바둑이다.

흑 우세의 중반전 말기이다.

집의 균형을 살펴보고 기합이 필요한 곳이다.

두터움을 이용하여 실리를 견고하게 하여야 할
국면이다.

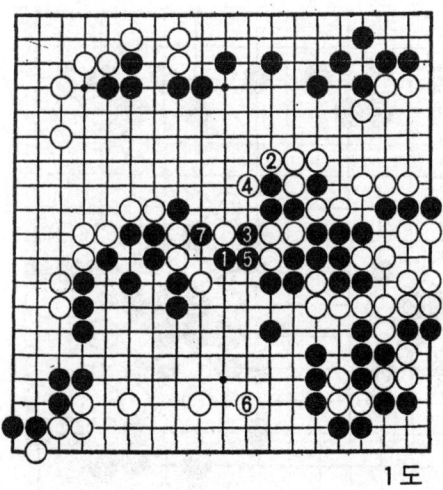

1 도

1 도 (정해)
흑 1 의 붙임이
다. 이곳이 급
소이다.

일격으로 백
이 곤란하여 진
다. 백 2 로 중
앙 일대를 가볍
게 본다. 중앙
을 잡아서 흑승
은 부동이다.

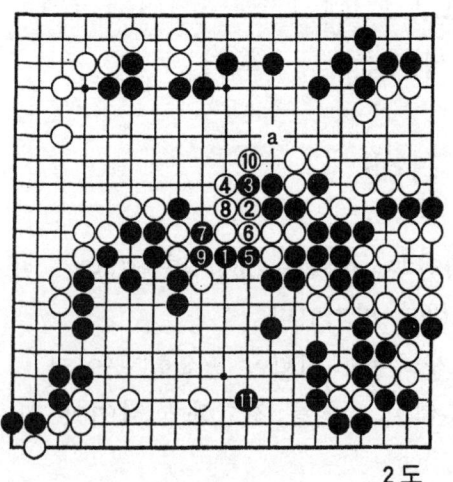

2 도

2 도(집의 간
명) 백 2 의 호
구는 부분적으
로는 최강이나
흑 3 에서 5, 7
다음에 9 로 끊
는 모양이 좋다.
흑 9 로 a 는 2
점을 선수로 잡
을 수 있으나
11까지 된 모양
은 십분 좋은
결과다.

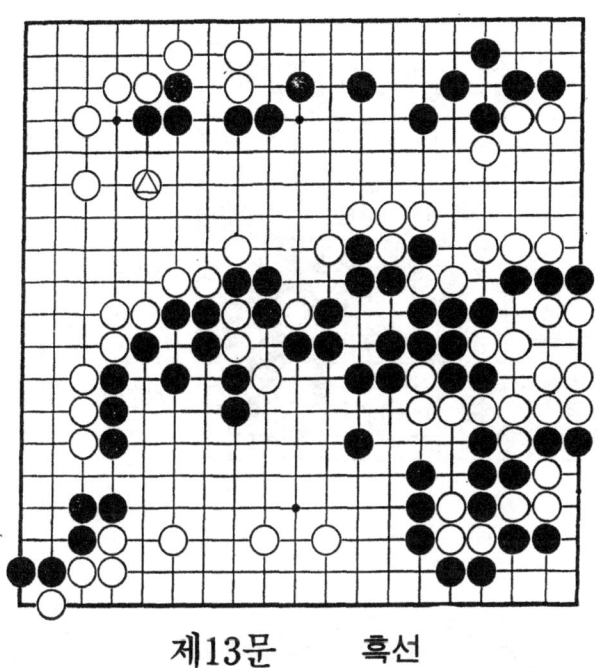

제13문　　흑선

끝내기 펀치

백이 △로 한칸을 뛰었다.

좌변을 부풀리는 장면인데 앞 문제에서 몇수가
더 진행된 국면이다.

다음에 세기가 필요하다.

백의 가장 엷은 곳을 찾아야 한다.

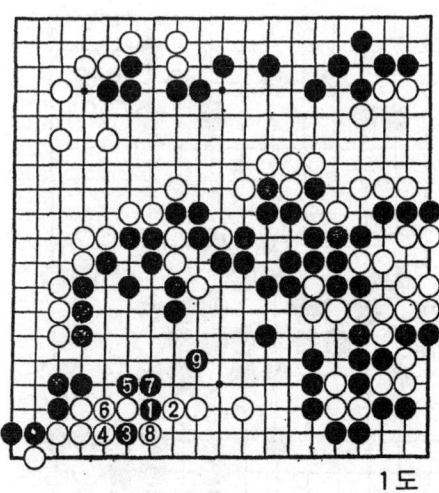

1 도

1 도 (정해)
흑 1의 붙임이
끝내기의 강편
치이다. 백 2는
맥점이다. 이 모
양에서는 효과
적이다.
　흑은 3 이하
9로 중앙을 조
화있게 한다.

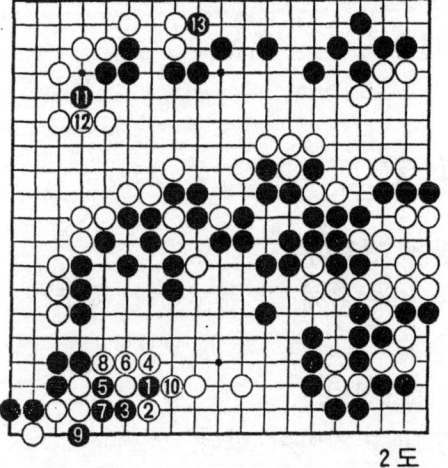

2 도

2 도(두텁다)
백이 2로 젖히
면 4 이하 10까
지 사석으로 이
용을 한다.
　흑은 끝내기
에서 공격을 완
료할 수밖에 없
다.
　바둑 모양이
결정이 된 곳이
다.

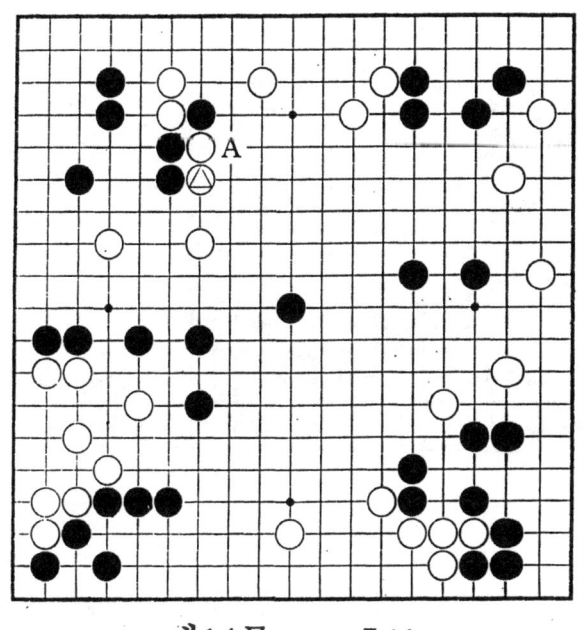

제14문   흑선

뻗음과 끼움

백이 ⬆로 올라선 모양이다. (실전에서는 백A
였다)

흑이 간단하지만은 않다.

서로의 엷음을 찌르는 강수이다. 두어진 바둑
에서 호선은 불변이다.

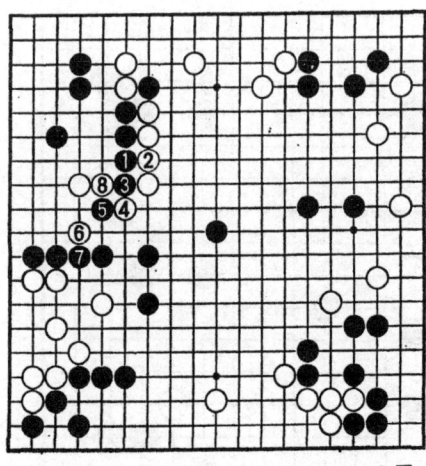

1 도 (조화)
흑1의 뻗음에
서 3의 부딪힘
까지를 볼 수 있
다.
　여기의 한 점
은 백4이하 8
까지 움직여 나
간다.
　간명하게 소
화를 한다.

1 도

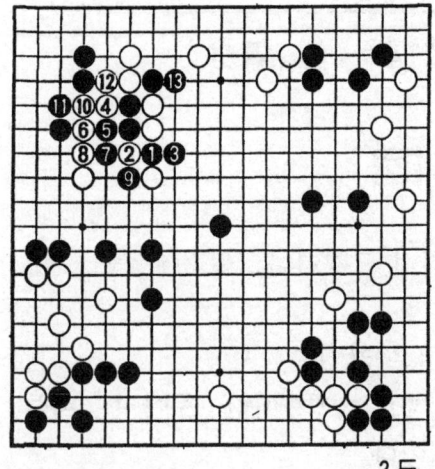

2 도 (정해)
흑1의 끼움이
백의 기합이다.
　백2로 3은
흑2로 잇는다.
전도와의 차이
가 크다.
　흑13까지 백
의 고전의 양상
이다.

2 도

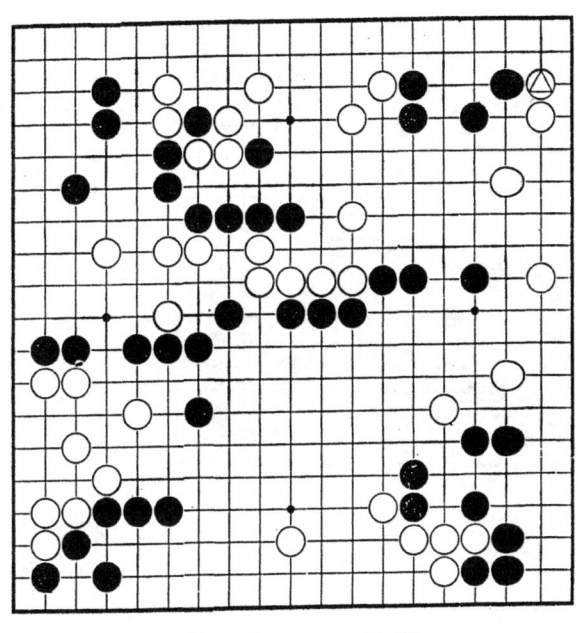

제15문   흑선

철저하게

백이 ◎ 로 밀어왔다.

앞 문제에서 20여수가 진행이 된 국면이다.

흑을 위협하기 위해서 엷은 곳을 보강하고 있다.   백의 주문을 허락해서는 안된다.

서로 철저하게 진출함이 필요하다.

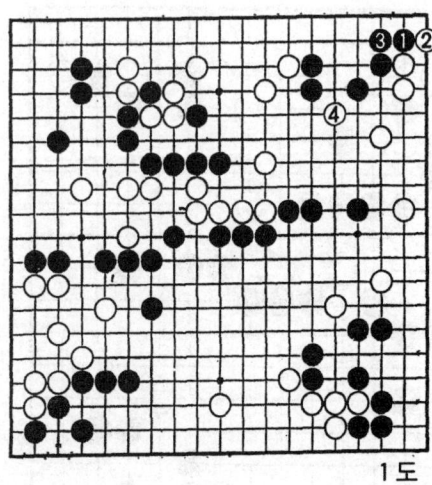

1도

1도(장기전)
흑1, 3의 받음
은 다음 백이
4로 중앙의 엷
음을 보강한다.
 장기전의 양
상이다.

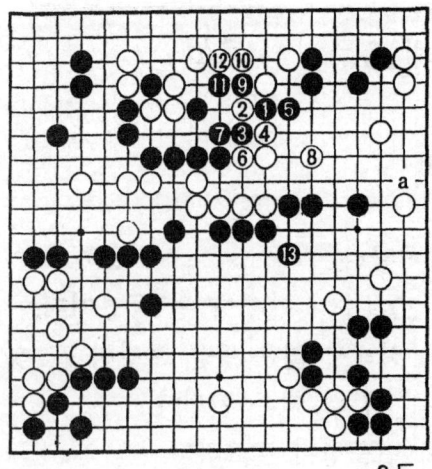

2도

2도 (정해)
바둑은 큰곳부
터 둔다. 이 장
면에서는 중앙
의 백을 공격하
는 것이 최대이
다.
 백이 4이하
8로 지키면 흑
9, 11까지—·
우하귀의 수비
를 생략할수 없
다. 흑13은 a
의 붙임도 있다.

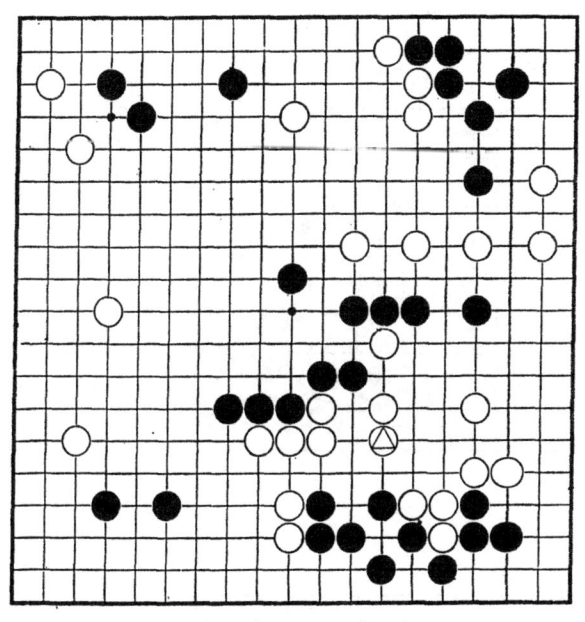

제16문　　　흑선

여기가 가장 약한 곳

백이 ⬟ 로 연락을 취하고 있다.

　3점 바둑이다. 흑은 3점의 효력을　이용하여
야 한다.

　대타격전의 여지가 있는 곳이다.

　백의 가장 약한 곳을 찌르라!

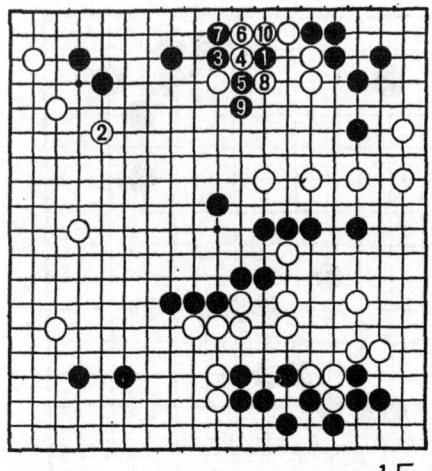

1도 (치중)
흑1의 치중은
모양에 따른 기
합이다. 백2는
대세의 요점이
다.

흑3에는 백
4의 건너감이
남아있는 곳이
다. 흑이 좋지
않다.

1도

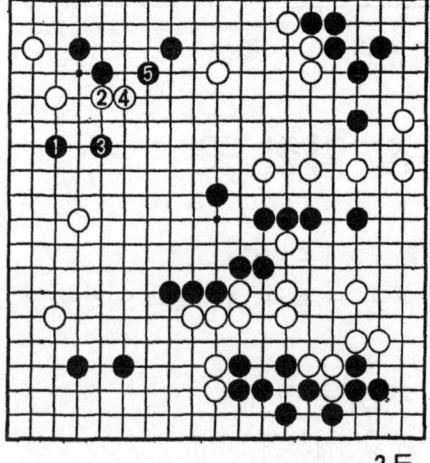

2도 (정해)
흑1이 세력의
분기점이다. 이
모양에서는 흑
1이 최선이다.
귀의 백을 공격
하는 기합이 있
는 곳이다. 백
2의 붙임에는
흑3으로 뛰어
알기가 쉽다.

2도

판 권
본사
소 유

승부바둑에 강해지는 법

2014년 5월 20일 인쇄
2014년 5월 30일 펴냄

엮은이/ 프로바둑연구회
펴낸이/ 최　상　일
펴낸곳/ 太乙出版社
서울특별시 중구 신당6동 52-107 (동아빌딩내)
등록/1973년 1월 10일(제4-10호)

＊잘못된 책은 구입하신 곳에서 교환해 드립니다.

■주문 및 연락처

우편번호 １００-４５６
서울특별시 중구 신당6동 52-107 (동아빌딩 내)
전화 / 2237-5577 팩스 / 2233-6166

ISBN 89-493-0341-8　　　13690

"당신의 바둑실력이 두 배로 는다!!"

최신판!! 프로바둑강좌시리즈

'머리의 바둑'은 '공격을 겸한 방어'이자, '방어를 위한 공격'이다.!!

프로바둑강좌 / 초급이상

1 3수로결판내는정석입문
王座 加藤正夫 지음

2 3수로결판내는포석비결
王座 加藤正夫 지음

3 3수로 결판내는 맥전락
王座 加藤正夫 지음

4 바둑의 수계산 입문
9단 石田芳夫 지음

5 당신의 급수를 채점한다
9단 橋本宇太郎 지음

프로바둑강좌 / 중급이상

1 돌을 잡는 맥점
9단 小林光一 지음

2 알기쉬운 결과판단법
9단 小林光一 지음

---

3 침입, 그 공격과 방어
本因坊 武宮正樹 지음·

4 사활의 마술
9단 山部俊郎 지음

5 끝내기에서 이겨라
10단 坂田栄男 지음

프로바둑강좌 / 고급이상

1 초반·중반의실전테크닉
8단 安倍吉輝 지음

2 정석의 선택법
9단 工藤紀夫 지음

3 귀에서 사는 법
王座 加藤正夫 지음

4 귀와 변의 사활작전
王座 加藤正夫 지음

5 공격의 묘, 방어의 묘
9단 山部俊郎 지음